Einführung in Operations Research

Florian Jaehn

Bibliografische Information der Deutschen Nationalbibliothek: Die
Deutsche Nationalbibliothek verzeichnet diese Publikation in der
Deutschen Nationalbibliografie; detaillierte bibliografische Daten sind
im Internet über über dnb.dnb.de abrufbar.

Die automatisierte Analyse des Werkes, um daraus Informationen
insbesondere über Muster, Trends und Korrelationen gemäß §44b
UrhG („Text und Data Mining") zu gewinnen, ist untersagt.

Herstellung und Verlag: BoD – Books on Demand, Norderstedt

ISBN: 978-3-759-72344-4

Dieses Buch ist aus den Unterrichtsmaterialien der Veranstaltung „Einführung in Operations Research" entstanden, die an der Helmut-Schmidt-Universität Hamburg für den Studiengang „Logistik" angeboten wird. Es ergänzt den Besuch der Vorlesung und der Übung, ersetzt diesen aber nicht. Zur leichteren Lesbarkeit wird das generische Maskulin verwendet. Als weitere Begleitliteratur werden die Bücher von Briskorn (2023) und Domschke et al. (2015) empfohlen.

Auf der Lernplattform OREL (Operations Research E-Learning) findet sich ein eigener Abschnitt zu den in diesem Buch vorgestellten Algorithmen. Nutzen Sie dieses Angebot beim Erlernen der Verfahren:

`https://orel.hsu-hh.de/`

Inhaltsverzeichnis

Vorwort für Studenten der Helmut-Schmidt-Universität

Sie werden sich in diesem Buch und der zugehörigen Veranstaltung mit Operations Research beschäftigen. Vielleicht wollen Sie sich sogar mit Operations Research beschäftigen. Unabhängig davon, was Sie zum Besuch dieser Veranstaltung motiviert, so steht zum Abschluss der Veranstaltung für die allermeisten die Prüfung zu diesem Modul an. Abhängig von Ihren eigenen Ambitionen können Sie die Veranstaltung und Prüfung wie folgt meistern.

Mich interessiert das Thema und ich möchte was lernen:

Perfekt, für Sie ist diese Veranstaltung gemacht. Sie werden Einblicke in neue Themen erhalten und durch Ihr Interesse vieles wie von selbst lernen. Trotzdem sollten Sie gerade bei den Übungsaufgaben darauf Wert legen, möglichst viel selbst zu rechnen.

Ich will die Prüfung mit einer 1,0 bestehen:

Legen Sie den größten Fokus darauf, dass Sie alle (!) Algorithmen sicher und schnell rechnen können. Dazu sollten Sie das Rechnen immer wieder eigenständig üben (auch über die Übungsaufgaben hinaus). Nicht zuletzt sollten Sie das Buch nicht nur vollständig durcharbeiten, sondern auch verinnerlichen. Auch die Beweise!

Ich will die Prüfung mit einer guten Note bestehen:

Wenn Sie nicht auf die Topnote abzielen, lassen Sie getrost sämtliche Beweise dieses Buchs außen vor. Ansonsten gehen Sie vor wie beim vorherigen Punkt. Ganz wichtig sind die Algorithmen als Grundvoraussetzung für eine gute Note. Diese erreichen Sie mit einer umso höheren Wahrscheinlichkeit, je mehr Hintergrundwissen Sie aus dem Buch mit in die Prüfung bringen.

Ich will die Prüfung irgendwie bestehen:

Konzentrieren Sie sich ausschließlich darauf, alle Algorithmen sicher und einigermaßen schnell rechnen zu können. Nutzen Sie die Übungsaufgaben. Allein durch das sichere Rechnen der Verfahren können Sie die Prüfung bestehen, aber etwas Hintergrundwissen kann zum Ausgleich von Rechenfehlern nicht schaden.

Ich werde wohl an der Prüfung ohne Erfolg teilnehmen:

Hören Sie an dieser Stelle auf zu lesen, und Sie werden die Bestehenswahrscheinlichkeit minimieren. Die meisten, die die Prüfung nicht bestehen, wählen aber einen anderen Weg. Wer sich zum Beispiel erst kurz vor der Prüfung darauf vorbereitet, im schlimmsten Fall sogar erst dann mit Lernen anfängt, wenn die vorherige Prüfung eines anderen Faches abgelegt wurde, hat eine sehr hohe Chance durchzufallen. Das Erlernen der Algorithmen kostet Zeit und bedarf der Wiederholung. Wenn Sie da nicht schon während der Veranstaltung mit dem Einüben beginnen, sinkt die Erfolgswahrscheinlichkeit.

Andere wiederum lernen die Algorithmen halbherzig. Wer einen Algorithmus nicht richtig verstanden hat oder ihn nur langsam anwenden kann, wird schnell wichtige Punkte verlieren. Weiter erhöht sich die Wahrscheinlichkeit durchzufallen, wenn man mit Mut zur Lücke sogar ganze Algorithmen außen vor lässt.

Trotz höherer Motivation fallen Kandidaten durch, die sich Ihres Verständnisses der Algorithmen sicher sind, weil Sie den Erläuterungen in der Vorlesung, der Übung und im Buch sehr gut folgen können. Mit den Algorithmen ist es aber ein bisschen wie mit dem Fahrradfahren: Durch das alleinige Zuschauen und das Verstehen des Funktionsprinzip kann man das Fahrradfahren nicht selbst lernen. Man muss es machen. Wer in der Prüfung zum ersten Mal einen Algorithmus selbständig anwendet und vorher nicht Zeit in die Übungsaufgaben investiert hat, wird die Prüfung voraussichtlich nicht bestehen.

1 Einleitung

Operations Research ist eine relativ junge (Wissenschafts-)Disziplin, die erst Mitte des 20. Jahrhunderts unter diesem Begriff bekannt wurde. Einzelne Fragestellungen des Operations Research wurden auch schon vorher untersucht. Durch die Entwicklung von Computern lieferten die Erkenntnisse des Operations Research einen viel höheren Nutzen, so dass diese Disziplin enorm an Bedeutung gewann. Aber was ist denn nun genau Operations Research? Um diese Frage zu beantworten, nutzen wir zunächst die (leicht abgewandelte) Definition von Domschke et al. (2015).

Definition 1.1 (Operations Research)
Operations Research (OR) bezeichnet einen Wissenszweig, der sich mit der Analyse von praxisnahen, komplexen Problemstellungen im Rahmen eines Planungsprozesses zum Zweck der Vorbereitung von möglichst guten Entscheidungen durch die Anwendung mathematischer Methoden beschäftigt. Die Hauptaufgaben im OR bestehen in der Abbildung einer realen Entscheidungssituation durch ein Optimierungs- oder Simulationsmodell und die Anwendung bzw. Entwicklung eines Algorithmus zur Lösung des Problems.

Diese Definition ist recht ausführlich, nutzt aber auch einige Begriffe wie *Problemstellung*, *Optimierungsmodell* oder *Algorithmus*, die wir erst noch genauer beleuchten müssen. Beginnen wir mit der *Abbildung einer realen Entscheidungssituation*. Die Abbildung einer realen Entscheidungssituation wird auch als *Modell* bezeichnet. Meistens treffen wir Entscheidungen, ohne zuvor ein Modell zu bilden. In den Fällen, in denen das nicht sinnvoll, oder aber gar nicht möglich erscheint, hilft ein Modell der realen Fragestellung weiter, also eine

Abstrahierung dieser Fragestellung. Dabei wird versucht, alle für die
Entscheidungsfindung wesentlichen Aspekte beizubehalten und auf
alle anderen zu verzichten.

Wenn wir zum Beispiel einen Berg besteigen wollen, so sehen wir
zwar womöglich das Ziel, können aber mit den Informationen unseres
Sichtfelds in der Regel nicht den (kürzesten) Weg bestimmen. Entsprechend wird die Fragestellung abstrahiert, zum Beispiel durch eine
Landkarte. Dabei ist es gewollt, dass das Modell nicht der Realität
entspricht (was nutzt schon eine Landkarte im Maßstab 1:1?). Die
wesentlichen Eigenschaften der Fragestellung sollen aber beibehalten
werden. Je nach Anwendungsfall ist dabei der Grad der Abstraktion
von Bedeutung. Eine Autokarte wird einen anderen Maßstab haben
als unsere Wanderkarte. In dem Modell, hier in dem Beispiel also auf
der Landkarte, lässt sich dann die modellierte Fragestellung lösen,
und diese Lösung soll dann wieder genutzt werden, um die reale
Fragestellung zu beantworten. Dieser Prozess ist in Abbildung 1.1
dargestellt.

Wichtig zu erwähnen ist, dass sowohl die Modellierung, die Lösung
des Modells und die abschließende Interpretation bei nicht sorgfältiger
Durchführung ein nicht gewünschtes Ergebnis für die reale Entscheidungssituation verursachen können. Bei der Modellierung ist wichtig,
dass die reale Entscheidungssituation zumindest im Kern korrekt
abgebildet ist. Kritisch ist auch, den richtigen Abstrahierungsgrad zu
bestimmen. Wird zu sehr abstrahiert, gehen wichtige Informationen
aus der Realität verloren. Wird zu wenig abstrahiert, wird die Lösung
des Modells zu schwierig sein. Wir werden uns in diesem Buch hauptsächlich den Herausforderungen der Lösung entsprechender Modelle
stellen. Die Interpretation der Ergebnisse, also die Umsetzung der
Lösung des Modells in die Praxis, muss dann stets in dem Wissen
um die Vereinfachungen (= Abstraktionen) des Modells im Vergleich
zur Realsituation geschehen.

Um nicht später mit den Begrifflichkeiten durcheinander zu kommen, betrachten wir die Unterscheidung einer (in der realen Welt
auftretenden) Entscheidungssituation mit der durch ein Modell abge-
bildeten Problemstellung. Ihnen ist vielleicht schon aufgefallen, dass

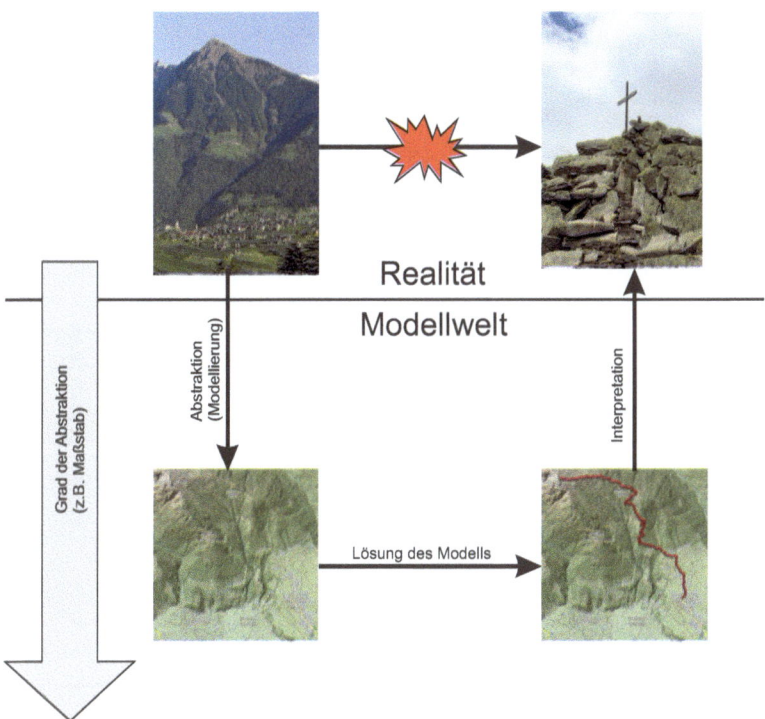

Abbildung 1.1: Lösung einer realen Herausforderung mittels eines Modells

wir bei der realen Welt von *Entscheidungssituationen* sprechen, in der Modellwelt von *Problemen*. Eine Entscheidungssituation lässt sich durch folgende Begriffe kennzeichnen, die wir auch unmittelbar an unserem Beispiel des Bergsteigens veranschaulichen wollen.

Entscheidungsdaten: Das umfasst unser gesamtes Wissen über die Entscheidungssituation. Das Wissen ist im Idealfall vollumfänglich, realistischer Weise allerdings meist lückenhaft.

In unserem Beispiel würde das Wissen den Startpunkt, das

Ziel, sowie sämtliches vorhandenes Kartenmaterial umfassen. Auch hier ist das Wissen vermutlich nicht vollumfänglich, da z.b. nicht klar sein dürfte, wo sich überall Wegweiser befinden.

Entscheidungsfrage: Bei der Entscheidungsfrage gilt es zu präzisieren, welche Handlungsoptionen vorliegen. Mit anderen Worten: an welchen Schrauben überhaupt gedreht werden kann. Wir wollen den einen Weg zum Gipfel finden. Präziser ausgedrückt, wollen wir, beginnend von unserem Startpunkt, an jeder Kreuzung möglicher Wege entscheiden, welchen dieser Wege wir als nächsten nehmen, so dass wir am Gipfel ankommen.

Entscheidungsschranke: Meistens sind die Handlungsoptionen weiter eingeschränkt und sollten entsprechend formuliert werden. Zu den möglichen Wegen zählen neben Wanderwegen womöglich auch Straßen. Wir könnten uns als Schranke setzen, dass wir nicht mehr als 15 Minuten auf Straßen gehen möchten. Womöglich wollen wir auch Wanderwege, die mit „nicht schwindelfrei" gekennzeichnet sind, ganz ausschließen.

Entscheidungsziel: Unter einem Ziel verstehen wir einen Wert, der entweder vergrößert oder verkleinert werden soll. Mit der Entscheidungssituation kann ein Ziel verbunden sein, es können mehrere Ziele sein, und es kann auch sein, dass kein Zielkriterium vorliegt. In letzterem Fall geht es einfach nur darum, eine Antwort auf die Entscheidungsfrage zu finden, die alle Entscheidungsschranken berücksichtigt. Bei unserer Wanderung wollen wir den Weg mit der geringsten Länge finden. Die Länge des Weges soll soweit wie möglich verkürzt werden.

Die Untergliederung einer Entscheidungssituation in Entscheidungsdaten, Entscheidungsfrage, Entscheidungsschranken und Entscheidungsziele mag trivial klingen. Tatsächlich scheitert ein erfolgreicher Umgang mit Entscheidungssituationen bereits sehr häufig genau daran, dass diese Punkte nicht hinreichend beleuchtet werden. Ein paar Beispiele: Dass falsche Annahmen über die zugrunde liegenden Daten katastrophale Folgen haben können, dürfte einleuchten. Wenn wir bei der Wanderung merken, dass wir eine falsche oder veraltete Karte haben, wird das die Planung sehr erschweren. Auch die genaue Beschreibung der Entscheidungsfrage ist alles andere als offensichtlich. Zunächst mag die Frage, was genau entschieden werden soll/muss, durchaus schon herausfordernd sein. Bei unserer Bergwanderung wird uns vielleicht irgendwann auffallen, dass wir zwar einen tollen Weg zum Gipfel gefunden, aber nicht entschieden haben, wie wir wieder herunterkommen. Darüber hinaus ist es auch wichtig festzustellen, was genau in der eigenen Entscheidungsgewalt liegt. In vielen Projekten (sowohl in Unternehmen, in der Wissenschaft als auch im Privaten) werden immer wieder Optionen durchdacht und viel diskutiert, obwohl diese gar nicht in der eigenen Entscheidungsgewalt liegen. Stellen wir uns bei der Bergwanderung vor, dass es eine Seilbahn gäbe, die eigentlich nicht für den Personentransport vorgesehen ist, der Betreiber uns in den vergangenen Jahren aber trotzdem manchmal damit befördert hat. Es ist nun sicher kein Teil der Entscheidungsfrage, ob die Seilbahn genutzt werden kann oder nicht, da dies dem Betreiber obliegt. Trotzdem kann man sich gut vorstellen, dass es zu Diskussionen darüber kommt, ob diese genutzt werden soll. (Es wäre durchaus denkbar und sinnvoll, eine Fallunterscheidung zu machen, je nachdem ob die Seilbahn genutzt werden kann, da hier offensichtlich die Entscheidungsdaten unvollständig sind).

Bei den Entscheidungsschranken ist es besonders wichtig, dass sie vollständig berücksichtigt werden, was aber auch besonders schwierig ist. Dazu muss die Entscheidungssituation im Detail untersucht werden. In unserem Beispiel werden wir womöglich feststellen, dass wir neben den bereits erwähnten Schranken in gewissen Abständen auch Einkehrmöglichkeiten berücksichtigen müssen, da die Verpflegung ansonsten nicht ausreicht.

Aus meiner Erfahrung möchte ich behaupten, dass sich die Entscheider in den meisten Fällen ihrer Ziele nicht bewusst sind. Dabei möchte ich drei typische Fehler beleuchten. Entscheidungssituationen treten häufig dadurch zutage, dass ein Missstand auffällt und behoben werden soll. Schnell wird dadurch, als erster typischer Fehler, die

Behebung des Missstands zum Ziel deklariert. Folgende Situation habe ich erlebt: In einem Unternehmen sind die Lagerbestände deutlich zu hoch, so dass ein Projekt mit dem Ziel ins Leben gerufen wurde, die Lagerbestände zu minimieren. Man hätte dieses vermeintliche Ziel leicht erreichen können, indem man einfach nicht mehr bestellt. Tatsächlich hat sich aber nach einigen Diskussionen herausgestellt, dass das eigentliche Ziel die Lagerkostenminimierung (bestehend aus Lagerkosten und Fehlmengenkosten) war.

Als zweiter Fehler werden Entscheidungsfragen gerne auch als Ziel formuliert. So beschreibt die Formulierung „unser Ziel ist es, einen Weg zum Gipfel zu finden" ja nur die Aufgabenstellung, während das Ziel in diesem Fall die Länge des Weges ist.

Der dritte typische Fehler entsteht bei dem Einsatz von Hilfszielen. Diese setzt man sich bei Entscheidungssituationen, die ein übergeordnetes Ziel verfolgen sollen, das sich nicht unmittelbar abbilden lässt. Das ist grundsätzlich nicht verwerflich, birgt aber die Gefahr, falsche Hilfsziele zu wählen. Im Unternehmensplanspiel, das Sie im 7. Trimester belegen werden, haben Sie als übergeordnetes Ziel die Gewinnmaximierung. Gerne werden da Hilfsziele formuliert wie „Marktführerschaft übernehmen" oder „Maschinenauslastung maximieren". Ohne weitere Entscheidungsschranken werden diese Hilfsziele allerdings dem übergeordneten Ziel zuwiderlaufen, denn beide ließen sich etwa durch Dumpingpreise erreichen.

Fassen wir einmal zusammen: Bei der Definition von Operations Research werden verschiedene Begriffe genutzt, von denen wir zunächst den Ausdruck *Entscheidungssituation* und *Abbildung einer Entscheidungssituation* genauer beschrieben haben. Dies geschah bewusst in aller Ausführlichkeit, da das Erkennen und Strukturieren von Entscheidungssituationen von grundlegender Bedeutung für alles weitere Vorgehen ist. Meist lassen sich Entscheidungssituationen, nachdem sie wie beschrieben strukturiert wurden, unmittelbar lösen. Mit den deutlich selteneren Fällen, wo das nicht möglich ist, beschäftigen wir uns in diesem Buch.

Wir beschreiben nun, wie sich ein Modell aus einer Entscheidungssituation ergibt. Grundsätzlich werden bei einem Modell in enger Anlehnung an die Beschreibung einer Entscheidungssituation die *Eingabeparameter*, die *Entscheidungsoptionen*, die *Restriktionen* und die *Zielfunktion(en)* spezifiziert. Die Eingabeparameter stellen die notwendigen Daten für das Modell dar und können rein formal als eine (im Einzelfall zu spezifizierende) Datenmenge aufgefasst werden. In unserem Beispiel benötigen wir als Parameter (mindestens) die Menge der möglichen Kreuzungen und deren Verbindungen, die Länge der Verbindungen sowie die Kenntnis über den Startpunkt und den Zielpunkt. Für das Modell benötigen wir noch keine konkreten Zahlenwerte dieser Parameter. Denn wir wollen ein Modell haben, dass sich universell auf die Entscheidungssituation „Bergsteigen" anwenden lässt und nicht nur auf einen ganz spezifischen Berg.

Die Entscheidungsoptionen können formal als eine Menge aufgefasst werden, aus der ein Element auszuwählen ist. In der Regel werden die Entscheidungsoptionen generisch beschrieben und mittels Variablen ausgedrückt. Zum Beispiel könnte es für jede Verbindung zwischen zwei Kreuzungen eine (binäre) Variable geben, die angibt, ob diese Verbindung auf unserem Weg zum Gipfel gewählt wird oder nicht.

Die Entscheidungsschranken werden im Modell durch Restriktionen ausgedrückt. Formal werden diese nicht unbedingt benötigt, da sie bereits in der Beschreibung der Entscheidungsoptionen berücksichtigt werden könnten. Bei der generischen Darstellung der Entscheidungsoptionen aber bietet es sich an, sie explizit zu erwähnen. Bei der Nutzung von Entscheidungsvariablen stellen die Entscheidungsschranken (Un-)Gleichungen dar, die erfüllt sein müssen. Diese (Un-)Gleichungen erfüllen zwei Zwecke. Zunächst sollen sie dafür sorgen, dass die generische Darstellung der Entscheidungsoptionen korrekt ist. Wenn wir, wie eben beschrieben, binäre Variablen für jede Verbindung zwischen zwei Kreuzungen wählen, dann müssen wir z.B. sicherstellen, dass durch die Belegung der Variablen auch ein wohldefinierter Weg entsteht. Wir müssten also fordern, dass

- ausgehend von unserem Startpunkt,

- genau eine Verbindung ausgewählt wird,

- an jeder Kreuzung entweder keine oder genau zwei Verbindungen ausgewählt sind und
- am Ziel wieder genau eine.

Nur so ist gewährleistet, dass die Verbindungen zusammenhängen und einen Weg darstellen. Darüber hinaus sollen die Restriktionen auch Entscheidungsschranken abbilden. Wenn wir nicht mehr als 15 Minuten auf Straßen gehen möchten, kann dies über eine Ungleichung erfolgen, bei der die Länge aller ausgewählten Straßenverbindungen ≤ 15 sein muss.

Die Zielfunktion ist die Formalisierung eines Entscheidungsziels. Formal ist die Zielfunktion eine Funktion, die jeder Entscheidungsoption einen (kardinalen, ordinalen) Wert zuordnet. Gewünscht ist dann eine Option, bei der dieser Wert je nach Anwendungsfall möglichst gering oder möglichst groß ist. Übertragen auf unser Beispiel, ist dann die Zielfunktion diejenige Funktion, die die Längen aller ausgewählten Verbindungen summiert.

Mit diesen Vorüberlegungen können wir nun die Begriffe, die wir in Definition 1.1 gehört haben, präzisieren.

Definition 1.2 (Optimierungsproblem)
Ein Optimierungsproblem *ist eine Kombination aus Eingabeparametern, Entscheidungsoptionen, Restriktionen und Zielfunktion(en).*

Das Optimierungsproblem ist ein Modell, das, wie gesehen, eine (reale) Entscheidungssituation abbilden soll. Unser bisheriges Bergsteigerbeispiel lässt sich dann in seiner einfachsten Form (ohne Berücksichtigung der Entscheidungsschranken) wie folgt als Optimierungsproblem modellieren.

Beispiel 1.3 (Optimierungsproblem „Bergsteigen")

Eingabe-parameter:	Eine Menge von Kreuzungen, eine Menge von Verbindungen zwischen diesen Kreuzungen sowie deren Länge, einen Startpunkt sowie einen Zielpunkt

Entscheidungs-optionen:	Bestimme ausgehend vom Startpunkt eine Folge von Kreuzungen, die beim Zielpunkt endet.
Restriktionen:	Die Folge von Kreuzungen darf nur aus aufeinanderfolgenden Kreuzungen bestehen, zwischen denen es eine Verbindung gibt.
Zielfunktion:	Die Summe der Längen der Verbindungen, die sich aus der Folge der Kreuzungen ergeben, soll minimal sein.

Diese Darstellung der Problemstellung ist nicht eindeutig. Wir könnten als Entscheidungsoptionen auch explizit die Verbindungen zwischen den Kreuzungen auswählen. Tatsächlich werden wir im nächsten Kapitel diese Fragestellung auch noch etwas anders darstellen (siehe Optimierungsproblem 2 auf Seite 31).

Definition 1.4 (Lösung, zulässige Lösung)
Jede Entscheidungsoption eines Optimierungsproblems wird auch als Lösung bezeichnet. Erfüllt eine Lösung auch die Restriktionen, so sprechen wir von einer zulässigen Lösung.

Es kann durchaus passieren, dass es keine zulässige Lösung gibt. Oft ist daher schon von Interesse herauszufinden, ob es überhaupt eine zulässige Lösung gibt. Diese Fragestellung kann man übrigens ebenfalls als ein Optimierungsproblem darstellen, indem man zum Beispiel den zulässigen Lösungen als Zielfunktionswert eine 1 zuordnet und den übrigen Lösungen eine 0. Diese besondere Form eines Optimierungsproblems nennen wir Entscheidungsproblem.

Definition 1.5 (Entscheidungsproblem)
Ein Entscheidungsproblem ist ein Optimierungsproblem, bei dem die Zielfunktion den Handlungsoptionen nur einen von zwei möglichen Werten zuordnet.

Ein Entscheidungsproblem kann auch als Ja-Nein Frage aufgefasst werden. Entweder eine Handlungsoption erfüllt eine bestimmte Bedingung (Ja) oder nicht (Nein). Viele zumeist theoretische Erkenntnisse über Optimierungsprobleme beschränken sich auf Entscheidungsprobleme. Es sei in dem Zusammenhang aber erwähnt, dass sich jedes Optimierungsproblem durch das wiederholte Lösen von Entscheidungsproblemen lösen lässt. So können wir im Beispiel 1.3 für einen bestimmten Wert $x \in \mathbb{N}$ die Zielfunktion wie folgt definieren: Wenn ein Weg zum Gipfel eine Länge $\leq x$ hat, ist diese Option ein „Ja", sonst ein „Nein". Damit hätten wir ein Entscheidungsproblem. Wenn wir dieses Entscheidungsproblem für verschiedene Werte von x lösen, finden wir auch den kleinsten Wert x, für den es noch ein „Ja" gibt und haben damit das Optimierungsproblem gelöst.

Ein letzter wichtiger Begriff, der in der Definition von *Operations Research* vorkommt, ist der *Algorithmus*. Dazu müssen wir uns aber zunächst noch mit ein paar weiteren Begrifflichkeiten befassen. Es sei nochmal erwähnt, dass die Eingabeparameter bei der Definition eines Optimierungsproblems noch nicht mit konkreten Zahlenwerten belegt sind. Es muss nur spezifiziert sein, welche Daten bei dem Problem benötigt werden. Das *Kürzeste-Wege-Problem*, das wir in Kapitel 2 betrachten werden und das unserem Beispiel des Bergsteigens entspricht, umfasst also ALLE Probleme, bei denen wir als Eingabe (unter anderem) die Längen der Verbindungen zwischen den Kreuzungen genannt bekommen. Einen konkreten Anwendungsfall dieser Problemstellung, bei der wir für diese Längen Zahlenwerte vorliegen haben, bezeichnen wir dann als „Probleminstanz" oder meistens nur „Instanz".

Definition 1.6 (Probleminstanz)
Eine Probleminstanz *eines Optimierungsproblems ist die Belegung aller Eingabeparameter mit Werten.*

Wichtig ist, dass die Parameter nicht in der Entscheidungsgewalt des Entscheiders liegen, sondern extern vorgegeben sind. Das ist der wesentliche Unterschied zu Entscheidungsvariablen, die bei der Lösung eines Optimierungsproblems vom Entscheider festgelegt werden können. Wir werden nun Lösungsverfahren ganz allgemein für Optimierungsprobleme beschreiben und diese - insbesondere in den Übungen - auf Probleminstanzen anwenden.

Definition 1.7 (Algorithmus)
Ein Algorithmus ist eine präzise und eindeutige Darstellung von Verfahrensschritten für ein Optimierungsproblem, die jeder Probleminstanz des Optimierungsproblems eine Handlungsoption zuordnet.

Ein Algorithmus ist also so allgemein gehalten, dass er Verfahrensschritte für ein bestimmtes Optimierungsproblem unabhängig von den Eingabeparametern beschreibt. Für jede Probleminstanz liefert er dann, in der Regel nach endlich vielen Schritten, eine Handlungsoption. Ein „guter" Algorithmus wird dabei natürlich Handlungsoptionen mit einem sehr guten oder gar optimalen Zielfunktionswert aussuchen. Wir verwenden übrigens die Begriffe „Algorithmus" und „Verfahren" synonym, auch wenn diese in der Literatur zum Teil unterschieden werden. Damit haben wir die wichtigsten Begriffe aus der Definition 1.1 zusammengetragen.

Aufgabe 1:
Lesen Sie sich Definition 1.1 noch einmal vollständig und aufmerksam durch.

Es sei noch erwähnt, dass sich Operations Research an der Schnittstelle mehrerer Wissenschaftsdisziplinen befindet. Operations Research lebt von dem Zusammenspiel aus Betriebswirtschaftslehre, Informatik und Mathematik. Die Mathematik und die Informatik liefern jeweils aus unterschiedlichen Perspektiven Erkenntnisse zur Modellanalyse und -lösung. Die Betriebswirtschaftslehre befasst sich schwerpunktmäßig mit der Modellierung und der Interpretation der Modelllösungen. Die meisten Anwendungsfälle kommen ebenfalls aus der Betriebswirtschaftslehre, durchaus aber auch aus den Ingenieurwissenschaften.

Operations Research lässt sich, vermutlich bedingt durch dessen Interdisziplinarität, in eine eher anwendungsorientierte und eine eher theoretisch ausgerichtete Strömung unterteilen. In diesem Buch und der zugehörigen Veranstaltung werden wir tendenziell eher anwendungsorientiert arbeiten. Einen tieferen Einblick in die Theorie des Operations Research erhalten Sie dann in der Veranstaltung „Methoden des Operations Research", zu der es in Kürze auch ein gleichnamiges Buch geben wird.

Sie werden in diesem Buch nun einige klassische Problemstellungen des Operations Research kennenlernen. Bei den meisten wird der Praxisbezug unmittelbar klar sein, bei manchen wird er sich vermutlich erst im Verlauf ergeben. Wir beschreiben die meisten der Probleme aber eigentlich gar nicht wegen ihres unmittelbaren Praxisbezugs, sondern viel mehr, weil die meisten der hier vorgestellten Optimierungsprobleme immer wieder als Teilprobleme größerer Probleme auftauchen. Im Kapitel 5 werden Sie das selbst erkennen, da dort bereits auf mehrere Verfahren aus den vorherigen Kapiteln zurückgegriffen wird.

Falls Sie schon Berührungspunkte mit Operations Research hatten, werden Sie sich vermutlich wundern, dass in diesem Buch auf ein Themengebiet verzichtet wird, das sonst in Grundlagenveranstaltungen zu Operations Research unentbehrlich erscheint. Die lineare Programmierung sparen wir bewusst aus, da sie an der Helmut-Schmidt-Universität in anderen Veranstaltungen behandelt wird, insbesondere in der bereits erwähnten Veranstaltung „Methoden des Operations Research" mit zugehörigem Buch.

2 Kürzeste Wege in Graphen

Sehr viele Entscheidungssituationen lassen sich mit Hilfe von Graphen modellieren. Das trifft auch auf das Kürzeste-Wege-Problem zu, das wir in diesem Kapitel genauer beleuchten wollen. Entsprechend beschäftigen wir uns jetzt mit den grundlegenden Definitionen der Graphentheorie und einigen Eigenschaften von Graphen. Anschließend definieren wir das Kürzeste-Wege-Problem formal und betrachten dann Algorithmen zu dessen Lösung.

2.1 Grundlegende Definitionen der Graphentheorie

Wir definieren zunächst, was wir unter einem Graphen verstehen.

Definition 2.1 (Graph)
Ein Graph G ist ein Paar $G = (V, E)$ bestehend aus einer nicht leeren (Knoten-)menge V und einer (Kanten-)menge $E \subseteq V \times V$. Für eine Kante $e \in E, e = (u, v)$, heißen u und v Endpunkte *von e. Wir sagen: e* verbindet *u und v. Zwei durch eine Kante verbundene Knoten heißen* Nachbarn.

Graphen können, wie der Name schon sagt, graphisch dargestellt werden. In Abbildung 2.1 ist ein Graph mit sechs Knoten und sieben Kanten abgebildet.

Die Anzahl der Knoten werden wir in der Regel mit n bezeichnen, also $n = |V|$, die Anzahl der Kanten mit m, also $m = |E|$. Eine Ausnahme stellen dabei die bipartiten Graphen (siehe Definition 2.6)

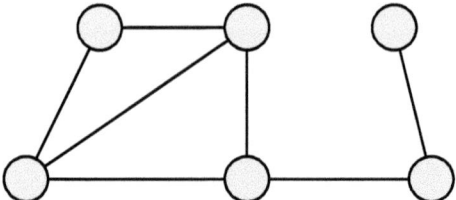

Abbildung 2.1: Darstellung eines Graphen

dar. Die wichtigsten Eigenschaften von Graphen definieren wir in den Definitionen 2.2–2.6.

Definition 2.2 (Gerichteter und ungerichteter Graph)
Ein gerichteter Graph berücksichtigt bei den Kanten die Reihenfolge der Endpunkte, d.h. $(u, v) \neq (v, u)$, während dies bei einem ungerichteten Graphen nicht der Fall ist, $(u, v) = (v, u)$. Bei einer gerichteten Kante (u, v) nennt man den Knoten u Vorgänger von v und den Knoten v Nachfolger von u.

In einem gerichteten Graphen umschreiben wir die Richtung einer Kante $(u, v) \in E$ häufig mit: „Kante (u, v) führt aus u heraus" und „führt zu v hin". Um zwischen gerichteten und ungerichteten Graphen zu unterscheiden, wird oft auch eine spezielle Notation von Kanten genutzt. Zum Beispiel können wir eine gerichtete Kante mit Vorgänger u und Nachfolger v als (u, v) bezeichnen und eine ungerichtete Kante, welche dieselben Knoten verbindet, als $[u, v]$. In diesem Buch werden wir immer aus dem Kontext heraus entscheiden können, ob wir gerichtete oder ungerichtete Graphen betrachten, weshalb wir auf eine Unterscheidung über die Notation verzichten. Einen gerichteten Graphen können wir mittels Pfeilen darstellen, wie in Abbildung 2.2 zu sehen ist.

Definition 2.3 (Multigraph, Schlinge und schlichter Graph)
1. In einem Multigraphen ...

- *... sind im ungerichteten Fall mindestens zwei Knoten durch mehr als eine Kante verbunden.*

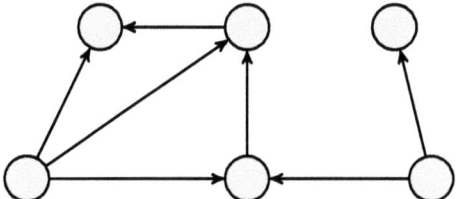

Abbildung 2.2: Darstellung eines gerichteten Graphen

- ...haben im gerichteten Fall mindestens zwei Kanten denselben Vorgänger und Nachfolger.

2. Eine Kante mit identischen Endpunkten heißt Schlinge.

3. Ein Graph ohne Schlingen, der kein Multigraph ist, heißt schlichter Graph.

Definition 2.4 (Vollständiger Graph)
Unter einem vollständigen Graphen verstehen wir ...

- ...im ungerichteten Fall einen schlichten Graphen, bei dem zwischen zwei beliebigen, unterschiedlichen Knoten immer eine Kante existiert: Bezeichnung K_n, wobei $n = |V|$.

- ...im gerichteten Fall einen schlichten Graphen, bei dem zwischen zwei beliebigen, unterschiedlichen Knoten immer eine Kante in jeder Richtung existiert.

Definition 2.5 (Gewichteter Graph)
Ein Tripel $G = (V, E, w)$, bestehend aus einem Graphen (V, E) und einer Funktion $w : E \to \mathbb{R}$, die jeder Kante $e \in E$ ein Gewicht w_e zuordnet, heißt gewichteter Graph. Gilt $w_e < 0$ für mindestens eine Kante $e \in W$, so spricht man von einem negativ gewichteten Graphen.

Mit den Kantengewichten lassen sich viele Eigenschaften ausdrücken. Neben den im ersten Kapitel beschriebenen Entfernungen können auch Fahrtdauern, Kosten und vieles mehr dargestellt werden.

Definition 2.6 (Bipartiter Graph)

1. *Lässt sich die Knotenmenge V eines ungerichteten Graphen in genau zwei Gruppen V_1 und V_2 aufteilen ($V_1 \cap V_2 = \emptyset$, $V_1 \cup V_2 = V$), so dass jede Kante $e \in E$ genau einen Endpunkt in V_1 und einen in V_2 hat ($\{(u,v)|(u,v) \in E, u \in V_1, v \in V_2\} = E$), so nennt man diesen Graphen* bipartit.

2. *Ist in einem (ungerichteten) bipartiten Graphen jeder Knoten aus V_1 mit jedem Knoten aus V_2 durch eine Kante verbunden, so spricht man von einem* vollständigen bipartiten Graphen. *Dieser wird mit $K_{n,m}$ bezeichnet, wobei $n = |V_1|, m = |V_2|$.*

Bei der Definition eines bipartiten Graphen ist darauf zu achten, dass es nur eine Aufteilung in die zwei Mengen V_1 und V_2 geben muss, dass aber z.B. die Darstellung eines Graphen nicht unmittelbar diese Aufteilung darstellen muss. In Abbildung 2.3 sehen wir einen Graphen, der auf den ersten Blick nicht den Anschein macht, als wäre er bipartit. Tatsächlich gibt es aber die Aufteilung der Knotenmenge in $V_1 = \{1, 3, 5\}$ und $V_2 = \{2, 4, 6\}$, also in gerade und ungerade Knotennummern. Und wir stellen fest, dass tatsächlich jede Kante als Endpunkte genau einen Knoten mit gerader Knotennummer und einen mit ungerader Knotennummer hat.

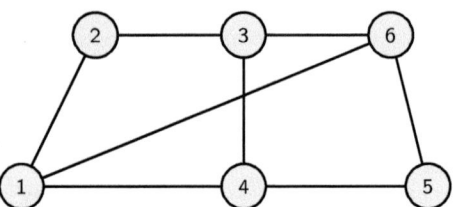

Abbildung 2.3: Bipartiter Graph

Bevor wir uns der Frage widmen, wie wir bei einem Graphen feststellen können, ob er bipartit ist, verinnerlichen wir die bisherigen Definitionen mit einer Aufgabe.

Aufgabe 2:
Zeichnen Sie zu jedem Unterpunkt der Definitionen 2.2–2.6 jeweils

einen Graphen, der die entsprechende Eigenschaft erfüllt und einen,
der sie nicht erfüllt.

In Definition 2.6 haben wir die Eigenschaften eines bipartiten Graphen kennengelernt. Es wurde aber nicht erläutert, wie wir feststellen
können, ob ein Graph bipartit ist oder nicht. Tatsächlich ist diese Frage nicht sonderlich schwer zu beantworten, und mit etwas
Nachdenken werden Sie sich die Frage womöglich selbst beantworten
können. Aber was, wenn Sie nicht selbst auf die Lösung kommen?
Genau für so eine Situation haben wir im vorherigen Kapitel ja
Optimierungsmodelle formalisiert. Da wir in diesem Fall für einen
gegebenen Graphen nur wissen wollen, ob er bipartit ist oder nicht,
liegt also ein Entscheidungsproblem vor. Das formulieren wir explizit.

Entscheidungsproblem 1 (Bipartiter Graph):

Eingabe-parameter:	Ein ungerichteter Graph $G = (V, E)$
Entscheidungs-optionen:	Festlegung zweier Teilmengen $V_1 \subseteq V$ und $V_2 \subseteq V$
Restriktionen:	Jeder Knoten $v \in V$ muss entweder in V_1 oder in V_2 sein ($v \in V_1 \lor v \in V_2$). Jede Teilmenge darf nicht leer sein ($V_1 \neq \emptyset, V_2 \neq \emptyset$).
Zielfunktion:	Gilt für eine Lösung $\{(u,v)\|(u,v) \in E, u \in V_1, v \in V_2\} = E$, so wird diese Lösung mit „Ja" bewertet, sonst mit „Nein". Finde eine Ja-Lösung.

Wie bereits erwähnt, ist die Lösung dieses Entscheidungsproblems
nicht sonderlich schwierig. Genau deshalb eignet es sich aber so gut,
es als Optimierungsproblem zu formalisieren und einen Algorithmus
dafür zu präsentieren. Algorithmen darzustellen, ist oft eine große
Herausforderung. Zwar ist die Grundidee der meisten in diesem Buch
behandelten Algorithmen leicht verständlich, aber die Forderung nach
einer präzisen und eindeutigen Darstellung verlangt (zumindest in

den meisten Fällen) eine abstrakte Darstellung. Es gilt diese abstrakte Darstellung so zu verstehen, dass Sie den Algorithmus dann auf eine Probleminstanz anwenden können.

Algorithmus 1:

Name:	Färbungsalgorithmus	
Typ:	Exaktes Verfahren	Laufzeit: $O(n)$
Eingabe:	Instanz des Problems „Bipartiter Graph"	
Ausgabe:	Aufteilung der Knoten in zwei Mengen, so dass keine Kante die Endpunkte in der gleichen Menge hat oder der Hinweis, dass der Graph nicht bipartit ist.	

1. Initialisierung:

- Sei V die Menge der noch einzuplanenden Knoten und $V_1 = V_2 = \emptyset$.

- Sei $V' = \emptyset$ die Menge der eingeplanten, aber noch zu überprüfenden Knoten.

2. Stoppkriterium:

- Wenn $V = \emptyset$, dann stoppe, Ausgabe: V_1 und V_2 (Graph ist bipartit).

- Sonst entferne einen beliebigen Knoten $v \in V$ aus V und füge ihn den Mengen V_1 und V' hinzu.

3. Iteration:

- Wähle einen Knoten $v \in V'$ aus (v ist bereits V_1 oder V_2 zugeordnet) und entferne ihn aus V'.

- Prüfe für jeden Nachbarn v' von v: Befindet sich v' in der gleichen Menge V_1 oder V_2 wie v, dann stoppe, Ausgabe: Graph ist nicht bipartit.

- Wenn $v' \in V$, dann füge v der Menge V_1 oder V_2 zu, in der sich v nicht befindet. Entferne v' aus V und füge v' zu V' hinzu.

- Wenn $V' \neq \emptyset$, wiederhole Schritt 3, sonst gehe zu Schritt 2.

Aufgabe 3:
Wenden Sie Algorithmus 1 auf die Graphen in Abbildung 2.4 an.

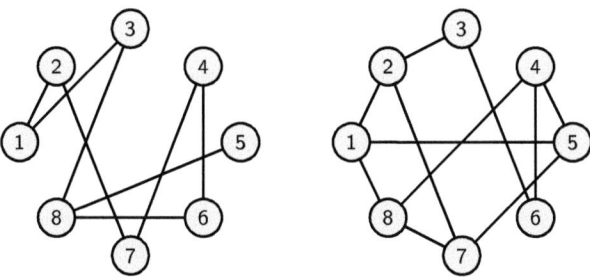

Abbildung 2.4: Sind diese Graphen bipartit?

Bemerkung 2.7:

1. Bei dem Informationskasten zu Algorithmus 1 steht, dass es sich um ein exaktes Verfahren handelt. Das bedeutet, dass der Algorithmus bei jedem bipartiten Graphen feststellt, dass dieser bipartit ist, und bei jedem nicht bipartiten Graphen auch erkennt, dass er nicht bipartit ist. Bei anderen Fragestellungen, insbesondere bei Optimierungsproblemen, kann es mitunter sehr schwierig werden, eine beste Lösung (= optimale Lösung) zu bestimmen. Ein exaktes Verfahren müsste aber eine optimale Lösung bestimmen, also die mit dem besten Zielfunktionswert. In vielen Fällen reichen uns aber Lösungen, die „ziemlich gut" sind, womöglich aber nicht optimal. In solchen Fällen kommen Algorithmen zum tragen, die nicht die beste Lösung garantieren können, also nicht exakt sind (sogenannte *Heuristiken*). In diesem Buch betrachten wir aber nur exakte Verfahren.

2. Die Laufzeit des Algorithmus ist mit $O(n)$ angegeben, wobei die sogenannte Landau-Notation verwendet wird. Falls Ihnen diese nicht bekannt ist, so informieren Sie sich bitte über die Landau-Notation, insbesondere über die Unterschiede zwischen linearen ($O(n)$), polynomiellen (z.B. $O(n^2)$) und exponentiellen (z.B. $O(2^n)$) Laufzeiten.

Graphen können auf unterschiedliche Weise repräsentiert (d.h. dargestellt) werden. Sie kennen bereits die Darstellung über die Knotenmenge V und die Kantenmenge E. Diese beiden Mengen können entweder explizit angegeben oder gezeichnet werden. In ersterem Fall muss zusätzlich kenntlich gemacht werden, ob es sich um einen ungerichteten oder einen gerichteten Graphen handelt. Eine weitere Darstellung, die insbesondere für die Speicherung von gewichteten Graphen in Computern relevant ist, ist die Adjazenzmatrix.

Definition 2.8 (Adjazenzmatrix)
Gegeben sei ein gewichteter Graph $G = (V, E, w)$, der kein Multigraph ist und dessen Knotenmenge (beliebig) sortiert ist, also $V = \{1, \ldots, n\}$. Für alle Knotenpaare $(u, v) \notin E$, sei $w_{(u,v)} := \infty$.

Dann heißt die Matrix

$$\begin{pmatrix} w_{(1,1)} & w_{(1,2)} & \cdots & w_{(1,n)} \\ w_{(2,1)} & w_{(2,2)} & \cdots & w_{(2,n)} \\ \vdots & \vdots & \ddots & \vdots \\ w_{(n,1)} & w_{(n,2)} & \cdots & w_{(n,n)} \end{pmatrix}$$

Adjazenzmatrix *von G.*

Beispiel 2.9
Die in Abbildung 2.5 gezeigten Graphen haben die Adjazenzmatrizen

$$\begin{pmatrix} 0 & 1 & \infty & 5 \\ 1 & 0 & 3 & 6 \\ \infty & 3 & 0 & 7 \\ 5 & 6 & 7 & 0 \end{pmatrix} \quad \text{und} \quad \begin{pmatrix} 0 & \infty & 1 & \infty \\ 5 & 0 & \infty & \infty \\ 3 & 3 & 0 & \infty \\ \infty & 4 & 2 & 0 \end{pmatrix}.$$

Es ist leicht zu erkennen, dass die Adjazenzmatrix eines ungerichteten Graphen stets symmetrisch ist. Das heißt, dass sich die Werte an der Hauptdiagonalen der Matrix, die von links oben nach rechts unten verläuft, „spiegeln" lassen. Ist die Adjazenzmatrix nicht symmetrisch, so liegt ein gerichteter Graph vor.

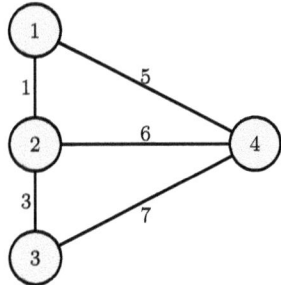 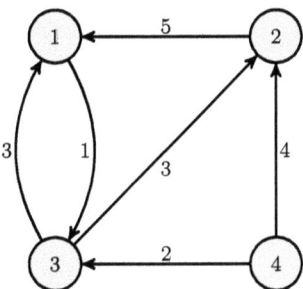

Abbildung 2.5: Graphen zu Beispiel 2.9

Als Student der Helmut-Schmidt-Universität lernen Sie weitere Darstellungsmöglichkeiten von Graphen in der Veranstaltung „Logistikmanagement I" kennen. Wir benötigen noch einige weitere Bezeichnungen und Eigenschaften von Graphen, die wird jetzt noch definieren.

Definition 2.10 (Knotengrad)
Unter dem Grad $\delta(v)$ *eines Knotens* $v \in V$ *verstehen wir* ...

- *... in einem ungerichteten Graphen* $G = (V, E)$ *die Anzahl der Kanten, die* v *als Endknoten haben.*

- *... in einem gerichteten Graphen* $\delta(v) = \delta^+(v) + \delta^-(v)$, *wobei* $\delta^+(v)$ *die Anzahl der von* v *ausgehenden und* $\delta^-(v)$ *die Anzahl der in* v *eingehenden Kanten bezeichnet. Die Differenz zwischen ausgehenden und eingehenden Kanten eines Knotens wird durch* $\delta^{+-}(v) := \delta^+(v) - \delta^-(v)$ *bezeichnet.*

Definition 2.11 (Kantenzug, Weg, Kreis)
- *Eine endliche Folge von Knoten* $W = (u, \ldots, v)$, *bei der jeweils zwei aufeinander folgende Knoten Nachbarn (im Falle eines ungerichteten Graphen) bzw. Vorgänger und Nachfolger (im Falle eines gerichteten Graphen) sind, heißt* Kantenzug.

- *Sind alle Knoten in einem Kantenzug verschieden (mit der Ausnahme, dass Anfangs- und Endknoten gleich sein dürfen), so sprechen wir von einem* Weg.

- *In einem gewichteten Graphen nennt man die Summe aller Kantengewichte eines Kantenzuges (Weges)* die Länge des Kantenzuges (Weges).

- *Ein Kantenzug mit identischen Anfangs- und Endknoten wird als* geschlossener Kantenzug *bezeichnet. Ist ein geschlossener Kantenzug auch ein Weg, so heißt der Weg* Kreis.

Es ist zu beachten, dass wir unabhängig davon, was Kantengewichte zum Ausdruck bringen sollen, bei der Summe der Kantengewichte eines Kantenzuges von dessen Länge sprechen. Also selbst wenn die Kantengewichte z.B. Fahrzeiten und nicht Wegstrecke ausdrücken, sprechen wir trotzdem von der Länge eines Kantenzugs.

Definition 2.12 (Zusammenhang)
- *Gibt es zwischen jedem Knotenpaar eines ungerichteten Graphen einen Weg, so ist dieser Graph* zusammenhängend.

- *Ein gerichteter Graph ist* (schwach) zusammenhängend, *wenn sein ungerichtetes Pendant zusammenhängend ist, d.h. wenn der ungerichtete Graph zusammenhängend ist, der entsteht, wenn alle gerichteten Kanten als ungerichtet aufgefasst werden.*

- *Gibt es zwischen jedem Knotenpaar eines gerichteten Graphen einen Weg, so ist dieser Graph* stark zusammenhängend.

Wir schließen das Kapitel zur Graphentheorie mit einer Aufgabe.

Aufgabe 4:
1. Geben Sie sowohl in einem (beliebigen) ungerichteten als auch in einem (beliebigen) gerichteten Graphen einen Kantenzug, einen Weg samt seiner Länge und einen Kreis an.

2. Geben Sie jeweils ein Beispiel für einen ungerichteten, zusammenhängenden Graphen und für einen ungerichteten, nicht zusammenhängenden Graphen an.

3. Geben Sie jeweils ein Beispiel für gerichtete Graphen an, die

   a) nicht zusammenhängend,

b) schwach zusammenhängend, aber nicht stark zusammenhängend und

c) stark zusammenhängend sind.

2.2 Kürzeste-Wege-Problem

Wie bereits angesprochen, wird bei der Modellierung praktischer
Fragestellungen häufig auf Graphen zurückgegriffen. Dies ist nicht
verwunderlich, wenn man sich vor Augen führt, dass Personal-, Ma-
terial- und Informationsflüsse häufig in Netzwerken (z.b. Straßennetzwerken oder Computernetzwerken) stattfinden, deren grundlegende
Struktur in der Regel der eines Graphen entspricht. Häufig müssen wir in den entsprechenden Graphen kürzeste Wege und deren
Längen zwischen Knoten bestimmen. Betrachten wir beispielhaft
das Verhalten von Kunden, die sich entscheiden wollen, in welcher
Niederlassung eines Unternehmens sie ihre Nachfrage befriedigen.
Wir können hier z.b. vereinfachend annehmen, dass "Entfernung"
das einzige Entscheidungskriterium der Kunden ist, jeder Kunde also
die ihm am nächsten gelegene Niederlassung wählt (man spricht in
der Literatur von „binären Auswahlregeln"). Um diese Regel in das
Modell zu integrieren, müssen wir folgendes Optimierungsproblem
für jeden Kunden und jede Niederlassung lösen:

Optimierungsproblem 2 (Kürzeste-Wege-Problem):

Eingabe-parameter:	Ein schlichter, gewichteter, Graph $G = (V, E)$ (gerichtet oder ungerichtet), der keinen Kreis negativer Länge hat. Ein Knoten sei als Startknoten $s \in V$ markiert und einer als Zielknoten $t \in V$.
Entscheidungs-optionen:	Eine Folge von Knoten $(u, \ldots, v)$ im Graphen G

Restriktionen:	Für alle aufeinanderfolgenden Knoten u' und v' in der Folge muss $(u', v') \in E$ gelten. Die Folge der Knoten muss ein Weg sein. Der Weg muss in s beginnen und in t enden.
Zielfunktion:	Die Funktion, die dem Weg seine Länge zuordnet, soll minimiert werden.

Die Anforderung, dass der Graph keinen Kreis negativer Länge hat, ist eher technischer Natur, da die hier vorgestellten Verfahren womöglich nicht den kürzesten Weg liefern, wenn ein Kreis negativer Länge vorliegt. Zudem ist die Frage durchaus berechtigt, ob das Bestimmen von kürzesten Wegen in einem Graphen sinnvoll ist, in dem sich die Länge durch wiederholtes Abschreiten eines Kreises immer weiter verringert. Um zu überprüfen, ob nicht doch ein Kreis negativer Länge vorliegt (z.B. durch Eingabefehler), werden wir dazu in Abschnitt 2.5 ein Verfahren kennenlernen.

Es sei noch darauf hingewiesen, dass es womöglich keinen Weg von s nach t gibt, wir also zunächst nicht wissen, ob es überhaupt eine zulässige Lösung gibt. Wenn es aber einen entsprechenden Weg gibt, gilt es zu beachten, dass wir „nur" daran interessiert sind, *einen* kürzesten Weg zwischen s und t zu finden. Offensichtlich gibt es Graphen, in denen zwischen zwei Knoten mehrere Wege existieren, welche die Länge eines kürzesten Weges haben. In diesen Fällen begnügen wir uns damit, einen dieser Wege zu finden.

Definition 2.13 (Kürzester Weg und Distanz)
Wir bezeichnen einen Weg, der Optimierungsproblem 2 für einen Graphen G löst, als kürzesten Weg *von s nach t und seine Länge als* Distanz *zwischen s und t, die wir mit* $d_G(s, t)$ *bezeichnen.*

Wenn eindeutig ist, um welchen Graphen G es sich handelt, so schreiben wir statt $d_G(s, t)$ auch einfach nur $d(s, t)$.

Verwandte Fragestellungen suchen nicht einen kürzesten Weg von einem bestimmten Knoten zu einem anderen ausgezeichneten Knoten, sondern betrachten allgemeinere Problemstellungen:

- Bestimme kürzeste Wege von einem bestimmten Knoten zu allen anderen Knoten des Graphen.
- Bestimme kürzeste Wege zwischen allen Knotenpaaren des Graphen.

Es ist leicht zu sehen, dass sich mit einem Lösungsansatz für Optimierungsproblem 2 jeweils die beiden anderen Fragestellungen lösen lassen (und umgekehrt). Tatsächlich werden wir unterschiedliche Verfahren kennenlernen, die auch alle diese Varianten des Kürzeste-Wege-Problems lösen. Wir werden bei den Beispielen zu den Verfahren vorwiegend auf gerichtete Graphen zurückgreifen. Alle Verfahren lassen sich aber genauso auf ungerichtete Graphen anwenden.

Bevor wir aber zu den entsprechenden Algorithmen kommen, starten wir mit einigen Vorüberlegungen. Die sollen uns verdeutlichen, wie wichtig es sein kann, nicht nur einen naheliegenden Algorithmus auszuwählen, sondern einen sinnvollen. Dazu betrachten wir eine Gruppe von Graphen mit einer speziellen Struktur.

Beispiel 2.14
Gegeben sei der in Abbildung 2.6 dargestellte (schlichte, gerichtete und gewichtete) Graph, für den ein kürzester Weg von s nach t gefunden werden soll.

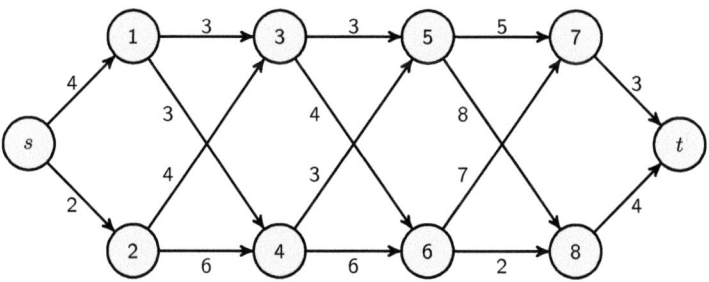

Abbildung 2.6: Graph zu Beispiel 2.14

Aufgabe 5:
In dem Graphen in Beispiel 2.14 gibt es genau 16 unterschiedliche

Wege von s nach t. Geben Sie diese Wege an und bestimmen Sie jeweils deren Länge. Welches ist ein kürzester (oder der kürzeste) Weg?

Wie Sie in Aufgabe 5 erkannt haben, können wir einen kürzesten Weg zwischen zwei Knoten bestimmen, indem wir alle möglichen Wege ermitteln und den kürzesten auswählen. Dieses „Durchzählen" sämtlicher Lösungen wird *(vollständige) Enumeration* genannt. Bei einem handelsüblichen PC, der in einer Sekunde in etwa 10 Billionen Wege (also 10.000.000.000.000 Wege) sowie deren Länge bestimmen kann, ist das also kein Problem. Oder doch?

Betrachten wir eine allgemeinere Version des Graphen aus Abbildung 2.6 mit n Knoten, wie er in Abbildung 2.7 dargestellt ist. Der

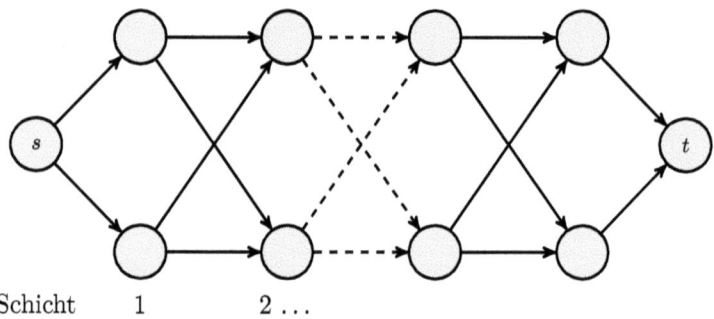

Schicht   1   2 . . .

Abbildung 2.7: Schema eines Graphen mit einer variablen Anzahl von Knoten

Graph aus Abbildung 2.6 ist offensichtlich ein Spezialfall des Graphen aus Abbildung 2.7. Er hat vier Schichten und 10 Knoten. Mit dem oben erwähnten PC (Berechnung von 10 Billionen Wegen und deren Längen in einer Sekunde), können wir in weniger als einer Sekunde über alle Wege enumerieren und so einen kürzesten Weg bestimmen.

Aufgabe 6:

Angenommen wir betrachten einen Graphen mit 100 Knoten (49 Schichten) und wir nehmen weiterhin an, dass sich die Rechenleistung nicht verringert (obwohl die Wege länger sind). Wie hoch schätzen Sie die benötigte Rechenzeit des PCs ein?

Allgemein besitzt der Graph aus Abbildung 2.7 $p := \frac{n-2}{2}$ Schichten und 2^p verschiedene Wege. Wir können für unseren PC nun bestimmen, wie lange das Enumerationsverfahren zur Bestimmung eines kürzesten Weges läuft, was in Tabelle 2.4 notiert ist. Unvorstellbar ist, dass wir schon bei einem Graphen mit 200 Knoten eine Rechenzeit bräuchten, die ein Vielfaches des Alters unseres Universums übersteigt. Da wir ja trotzdem recht gut kürzeste Wege bestimmen können, z.B. in Routenplanern, scheint die vollständige Enumeration also nicht das sinnvollste Vorgehen zu sein. Problematisch ist, dass das Enumerationsverfahren in diesem Fall exponentielle Laufzeit hat.

Knoten	Schichten	Anzahl Wege	Rechenzeit
2	0	1	0,0000000001 Millisek.
20	9	512	0,0000000512 Millisek.
40	19	524288	0,0000524 Millisek.
60	29	$5,37 \cdot 10^8$	0,0537 Millisek.
80	39	$5,50 \cdot 10^{11}$	0,0549 Sekunden
100	49	$5,62 \cdot 10^{14}$	56,3 Sekunden
120	59	$5,76 \cdot 10^{17}$	16 Std. 1 Min.
140	69	$5,90 \cdot 10^{20}$	683 Tage
160	79	$6,04 \cdot 10^{23}$	1916 Jahre
180	89	$6,19 \cdot 10^{26}$	1,96 Millionen Jahre
200	99	$6,34 \cdot 10^{29}$	2 Billionen Jahre

Tabelle 2.4: Rechenzeiten bei vollständiger Enumeration aller Wege

Da das Enumerationsverfahren exponentielle Laufzeit ($O(2^n)$) hat, steigt die Rechenzeit mit wachsender Zahl von Knoten sehr schnell an. Die vollständige Enumeration aller Wege ist somit nur bei recht kleinen Graphen in akzeptabler Rechenzeit möglich. Das Kürzeste-Wege-Problem lässt sich aber durch andere Methoden auch für große Instanzen relativ schnell und exakt lösen. Diese basieren vor allem auf der folgenden grundlegenden Beobachtung, die wir in Satz 2.15 formulieren und beweisen.

Satz 2.15
Sei $(s, \ldots, v, \ldots, t)$ ein kürzester Weg von $s \in V$ nach $t \in V$ in einem

Graphen $G = (V, E)$ und $v \in V$ ein beliebiger Knoten auf diesem Weg. Dann ist $(s, \ldots, v)$ ein kürzester Weg von s nach v und $(v, \ldots, t)$ ist ein kürzester Weg von v nach t.

BEWEIS: Für den Beweis nutzen wir einen Widerspruchsbeweis. Wir nehmen dazu an, dass die zu beweisende Aussage nicht zutrifft. Aus dieser Annahme leiten wir dann (mit Hilfe einer Folge logischer Schlüsse) einen Widerspruch her. Wir müssen dann also die Annahme, dass die beweisende Aussage nicht zutrifft, fallen lassen.

Sei $(s, \ldots, v, \ldots, t)$ ein kürzester Weg von s nach t. Wir nehmen nun an (um einen Widerspruch zu erzeugen), dass $(s, \ldots, v)$ nicht der kürzeste Weg von s nach v sei. Dann existiert ein Weg mit kürzerer Länge von s nach v. Dieser bildet in Verbindung mit $(v, \ldots, t)$ einen Kantenzug von s nach t, der kürzer ist als $(s, \ldots, v, \ldots, t)$. Falls dieser Kantenzug auch ein Weg ist, d.h. dass alle Knoten unterschiedlich sind, ist die Annahme widerlegt. Im anderen Fall, in dem ein oder mehrere Knoten doppelt vorkommen, enthält der Kantenzug einen Kreis (beginnend und endend beim doppelt vorhandenen Knoten). Wird dieses Kreis entfernt und dieser Schritt für jeden doppelt vorkommenden Knoten wiederholt, so entsteht ein Weg, der kürzer ist als $(s, \ldots, v, \ldots, t)$. Dies ist aber laut Voraussetzung nicht möglich. Also muss $(s, \ldots, v)$ ein kürzester Weg von s nach v sein. Analog für $(v, \ldots, t)$. $\square$

Wir betrachten drei Algorithmen, die sich Satz 2.15 zunutze machen.

- Der Dijkstra-Algorithmus (Kapitel 2.3) bestimmt kürzeste Wege zwischen einem Knoten und allen anderen Knoten eines Graphen. Suchen wir einen kürzesten Weg zwischen zwei bestimmten Knoten, kann der Algorithmus unter Umständen vorzeitig abgebrochen werden. Er ist benannt nach seinem „Erfinder" Edsger W. Dijkstra (1930–2002).

- Der A*-Algorithmus (Kapitel 2.4) berechnet einen kürzesten Weg zwischen zwei Knoten. Er ist dem Dijkstra-Algorithmus sehr ähnlich und verbessert diesen sogar für den Fall, dass (z.B. topologische) Zusatzinformationen über den Graphen vorliegen.

- Der Floyd-Warshall-Algorithmus (Kapitel 2.5) bestimmt kürzeste Wege zwischen allen Knotenpaaren eines Graphen. Er geht zurück auf Robert Floyd (1936–2001) und Stephen Warshall (1935–2006). Zum Teil wird er auch als Tripel-Algorithmus bezeichnet.

2.3 Dijkstraalgorithmus

Das Verfahren von Dijkstra (Dijkstra et al. (1959)) teilt die Knotenmenge V in drei disjunkte Mengen A, B und C auf:

A: Menge der Knoten, zu denen ein kürzester Weg bereits bekannt ist

B: Menge der Knoten, die nicht in A enthalten sind und durch eine Kante mit einem Knoten aus der Menge A verbunden sind

C: Alle Knoten aus V, die nicht in A oder B sind

Ganz zu Beginn ist dadurch nur der Startknoten s in der Menge A, die Nachbarn vom Startknoten s sind in der Menge B, und alle anderen Knoten sind in der Menge C. Im Laufe des Verfahrens werden die Knoten schrittweise aus der Menge C nach B und aus der Menge B nach A befördert, bis alle Knoten in der Menge A sind.

Im Algorithmus benutzen wir die Funktion „arg min", die Ihnen womöglich nicht bekannt ist. Während die Funktion „min" den minimalen Wert einer Menge (oder einer Funktion) wiedergibt, sucht „arg min" nach dem Argument, bei dem der minimale Wert erreicht wird. Während $\min_{x \in \mathbb{R}}(|2x| + 3)^2$ also das Minimum 9 liefert, liefert $\arg\min_{x \in \mathbb{R}}(|2x| + 3)^2$ den Wert für x, bei dem die 9 erreicht wird, also bei 0. Formal ist das Argument des Minimums für eine Funktion $f(x)$ mit Definitionsbereich D definiert als

$$\arg\min_{x \in D} f(x) := \{x \in D \mid f(x) \text{ minimal}\}.$$

Algorithmus 2:

Name:	Dijkstra-Algorithmus	
Typ:	Exaktes Verfahren	Laufzeit: $O(n^2)$
Eingabe:	Schlichter, nicht negativ gewichteter Graph $G = (V, E)$ mit $|V| = n$ und Startknoten s	
Ausgabe:	Distanz $d(v)$ von s zu Knoten v, $v \in V$; Vorgänger $p(v)$ von v ($v \in V$) auf einem kürzesten Weg von s nach v	

1. **Initialisierung:**

   - Setze $A := \{s\}$, $B := \{v \in V \mid (s,v) \in E\}$, sowie $C := V \backslash (A \cup B)$.

   - Setze $d(s) := 0$, $d(v) := w_{(s,v)} \; \forall v \in B$ und $d(v) := \infty \; \forall v \in C$.

   - Setze $p(v) := s \; \forall v \in A \cup B$.

2. **Stoppkriterium:**

   - Wenn $A = V$, dann stoppe (alle kürzesten Wege gefunden).

   - Wenn $B = \emptyset$, dann stoppe (zu den Knoten, die noch in C sind, existiert kein Weg).

   - Sonst gehe zu Schritt 3.

3. **Iteration:**

   - Bestimme $u \in \arg\min_{v \in B} d(v)$ und setze $A = A \cup \{u\}$ und $B = B \backslash \{u\}$.

   - Für alle $v \in B$ mit $(u,v) \in E$:
     Wenn $d(u) + w_{(u,v)} < d(v)$, setze $d(v) = d(u) + w_{(u,v)}$ und $p(v) = u$.

   - Für alle $v \in C$ mit $(u,v) \in E$:
     Setze $d(v) = d(u) + w_{(u,v)}$, $p(v) = u$, $B = B \cup \{v\}$, und $C = C \backslash \{v\}$.

   - Gehe zu Schritt 2.

Es ist zu beachten, dass der Dijkstra-Algorithmus nicht sämtliche Instanzen des Kürzeste-Wege-Problems lösen kann. Als Eingabe verlangt der Algorithmus nämlich, dass keine Kante ein negatives Gewicht hat, was allgemein im Kürzeste-Wege-Problem nicht gefordert ist. Für den Fall, dass negative Kantengewichte vorliegen, müssen wir auf den Floyd-Warshall-Algorithmus zurückgreifen (oder auf Algorithmen, die nicht in diesem Buch behandelt werden, wie z.B. den Bellman-Ford-Algorithmus, siehe Bellman (1958)).

Aufgabe 7:
Wenden Sie den Dijkstra-Algorithmus auf den Graphen aus Abbildung 2.6 an.

Der Algorithmus von Dijkstra hat eine Laufzeit von $O(n^2)$. Gehen wir (leicht vereinfacht) davon aus, dass unser bereits erwähnter Computer 10 Billionen Operationen pro Sekunde schafft und der Algorithmus *genau* n^2 Operationen benötigt, so erhalten wir für den Graphen aus Abbildung 2.7 die in Tabelle 2.6 angegebenen Rechenzeiten.

Knoten	Schichten	Anzahl Operationen	Rechenzeit
2	0	4	0,0000000004 Millisek.
20	9	400	0,0000000400 Millisek.
40	19	1600	0,0000001600 Millisek.
60	29	3600	0,0000003600 Millisek.
80	39	6400	0,0000006400 Millisek.
100	49	10000	0,0000010000 Millisek.
120	59	14400	0,0000014400 Millisek.
140	69	19600	0,0000019600 Millisek.
160	79	25600	0,0000025600 Millisek.
180	89	32400	0,0000032400 Millisek.
200	99	40000	0,0000040000 Millisek.

Tabelle 2.6: Rechenzeiten bei Verwendung des Dijkstra-Algorithmus

Aufgabe 8:
Vergleichen Sie die Rechenzeiten des Dijkstra-Algorithmus (Tabelle 2.6) mit denen des Enumerationsverfahrens aus Abschnitt 2.2 (Tabelle 2.4).

Den Dijkstra-Algorithmus kann man getrost als das Standardverfah-
ren für das Kürzeste-Wege-Problem nennen. Dabei hat auch dieser Algorithmus Nachteile, die durch andere Verfahren ausgeglichen werden
können. Wir wollen das an einer Instanz des Kürzeste-Wege-Problems
veranschaulichen, die in Abbildung 2.8 zu sehen ist.

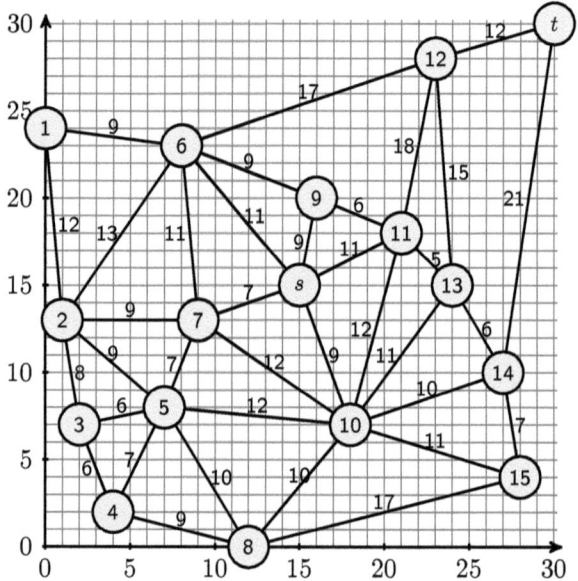

Abbildung 2.8: Ein Graph, dessen Knoten in der Ebene angeordnet
                sind.

Hier sind, wie am Koordinatensystem ersichtlich, die Knoten in der
Ebene angeordnet. Das bedeutet nicht, dass die Distanz zwischen
zwei Knoten auch der euklidischen Norm entspricht, aber ihre Distanz kann nicht kürzer sein als die der euklidischen Norm. Diesen
Fall haben wir zum Beispiel bei Graphen, die Orte auf der Erde
repräsentieren. Die Weglänge zwischen zwei Orten auf der Erde kann
natürlich niemals kürzer sein als die Luftlinie, sehr wohl aber länger.

Stellen wir uns bei dem Graphen vor, dass uns wirklich nur der kürzeste Weg von s nach t interessiert. Der Dijkstra-Algorithmus wird nun nach und nach Knoten in die Menge A aufnehmen und dabei die Suche in alle Richtungen gleich intensiv vollführen. Wir werden also auch einen kürzesten Weg von s zu einem Knoten finden, der recht nah am Ursprung liegt. Und das, obwohl wir uns ja eigentlich in die andere Richtung, also in Richtung t orientieren wollen.

Der Dijkstra-Algorithmus ist nicht dafür konzipiert, dass solche „geographischen" Informationen genutzt werden. Sie lassen sich aber ausnutzen, wie wir im nächsten Abschnitt feststellen werden.

2.4 A*-Algorithmus

Der A*-Algorithmus (Hart et al. (1968)) berechnet den kürzesten Weg zwischen zwei Knoten s und t und benötigt dafür für jeden Knoten $v \in V$ eine untere Schranke für die Länge des kürzesten Weges zwischen v und t. Wir bezeichnen die untere Schranke, im Englischen „lower bound", mit L.

Definition 2.16 (Untere Schranke)
Gegeben sei ein Graph $G = (V, E)$. Sei $d_G(u, v)$ die Distanz zwischen zwei Knoten u und v, $u, v \in V$. Eine Funktion $L : V \times V \to \mathbb{R}$, für die stets $L(u, v) \leq d_G(u, v)$ gilt, heißt untere Schranke *der Distanzen des Graphen.*

Der Algorithmus unterscheidet sich nur in zwei Punkten vom Dijkstra-Algorithmus. Zum einen bricht er im zweiten Schritt bereits ab, wenn t in der Menge A enthalten ist, also wenn bereits ein kürzester Weg von s nach t bekannt ist. Zum anderen wird in jeder Iteration derjenige Knoten u aus der Menge B in die Menge A überführt, dessen Summe aus $d(u)$ (also bisher bekannte kürzeste Distanz von s nach u) und $L(u, t)$ (also untere Schranke des kürzesten Weges von u nach t) am kleinsten ist. Ansonsten sind die Algorithmen identisch.

Algorithmus 3:

Name:	A*-Algorithmus	
Typ:	Exaktes Verfahren	Laufzeit: $O(n^2)$
Eingabe:	Schlichter, nicht negativ gewichteter Graph $G = (V, E)$ mit $|V| = n$, Startknoten s, Zielknoten t und einer unteren Schranke L der Distanzen des Graphen	
Ausgabe:	Distanz $d(t)$ von s zu Knoten t; Vorgänger $p(v)$ von v ($v \in V$), die den kürzesten Weg von s nach t darstellen	

1. Initialisierung:

- Setze $A := \{s\}$, $B := \{v \in V \mid (s, v) \in E\}$ sowie $C := V \setminus (A \cup B)$.

- Setze $d(s) := 0$, $d(v) := w_{(s,v)}$ $\forall v \in B$ und $d(v) := \infty$ $\forall v \in C$.

- Setze $p(v) := s$ $\forall v \in A \cup B$.

2. Stoppkriterium:

- Wenn $t \in A$, dann stoppe (kürzester Weg gefunden).

- Wenn $B = \emptyset$, dann stoppe (es existiert kein Weg von s nach t).

- Sonst gehe zu Schritt 3.

3. Iteration:

- Bestimme $u \in \arg\min_{v \in B} d(v) + L(v, t)$ und setze $A = A \cup \{u\}$ und $B = B \setminus \{u\}$.

- Für alle $v \in B$ mit $(u, v) \in E$:
  Wenn $d(u) + w_{(u,v)} < d(v)$, setze $d(v) = d(u) + w_{(u,v)}$ und $p(v) = u$.

- Für alle $v \in C$ mit $(u, v) \in E$:
  Setze $d(v) = d(u) + w_{(u,v)}$, $p(v) = u$, $B = B \cup \{v\}$, und $C = C \setminus \{v\}$.

- Gehe zu Schritt 2.

Aufgabe 9 (Lösung auf Seite 123):
Die folgende Tabelle stellt die unteren Schranken für die Strecke aller
Knoten zu Knoten t in Abbildung 2.8 dar. Ergänzen Sie die fehlenden
Werte.

s	1	2	3	4	5	6	7
t	21,21	30,59	33,62	36,24	38,21	31,83	23,09	27,02

	8	9	10	11	12	13	14	15
t	34,99	17,20	25,94	15,00				

Aufgabe 10:
Wenden Sie den A*-Algorithmus auf den Graphen in Abbildung 2.8
an.

2.5 Floyd-Warshall-Algorithmus (Tripel-Algorithmus)

Ein weiterer Algorithmus zur Lösung des Kürzeste-Wege-Problems
ist der Floyd-Warshall-Algorithmus (Floyd (1962); Warshall (1962)).
Hier werden kürzeste Wege und deren Längen zwischen allen Knotenpaaren des Graphen bestimmt. Wie bereits der Dijkstra-Algorithmus,
nutzt auch der Floyd-Warshall-Algorithmus das Prinzip aus Satz 2.15
aus. Die Grundidee des Verfahrens lässt sich wie folgt beschreiben:
Das Verfahren geht zunächst von einer zusätzlichen Restriktion aus.
Diese besagt, dass ein Weg, der ein Knotenpaar verbindet, keinen
weiteren Knoten beinhalten darf. In dem Fall beinhaltet ein Weg also
nie mehr als eine Kante. In der ersten Iteration wird dann ein Knoten
ausgewählt, und die Restriktion wird derart gelockert, dass nun jeder
Weg zusätzlich auch diesen Knoten enthalten darf. In jeder weiteren
Iteration wird dann ein weiterer Knoten ausgewählt, der ebenfalls in
den kürzesten Wegen vorkommen darf. Das Verfahren wird solange
fortgesetzt, bis alle Knoten in den kürzesten Wegen enthalten sein
dürfen und die zusätzliche Restriktion dadurch verschwindet.

Den jeweiligen Knoten, den wir in einer Iteration auswählen, nennen wir Transitknoten. Die Bezeichnung kommt daher, dass wir für

jedes Knotenpaar (s, t) schauen, ob der kürzeste Weg von s nach t durch einen Transit über den Transitknoten verkürzt werden kann. Da wir für jeden Transitknoten auch jedes Knotenpaar betrachten müssen, müssen wir alle Tripel von Knoten betrachten (Transitknoten, Startknoten, Zielknoten). Daher wird der Algorithmus auch Tripel-Algorithmus genannt.

Algorithmus 4:

Name:	Floyd-Warshall-Algorithmus (Tripel-Algorithmus)	
Typ:	Exaktes Verfahren	Laufzeit: $O(n^3)$
Eingabe:	Schlichter, gewichteter Graph $G = (V, E)$, $|V| = n$	
Ausgabe:	Distanz $d(u, v)$ von u zu v, $u, v \in V$; Vorgänger $p(u, v)$ von v $(u, v \in V)$ auf dem kürzesten Weg von u nach v	

1. Initialisierung:

- Für alle $v \in V$: setze $d(v, v) = 0$, $p(v, v) = v$.

- Für alle $u, v \in V, u \neq v$: setze

$$p(u, v) = \begin{cases} u & \text{falls } (u, v) \in E, \\ 0 & \text{sonst,} \end{cases}$$

$$d(u, v) = \begin{cases} w_{(u,v)} & \text{falls } (u, v) \in E, \\ \infty & \text{sonst.} \end{cases}$$

2. Iteration:

- Für alle Knoten $v \in V$ (Transitknoten)
  Für alle Knoten $s \in V$ (Startknoten)
  Für alle Knoten $t \in V$ (Zielknoten)
  Wenn $d(s, v) + d(v, t) < d(s, t)$,
  setze $d(s, t) = d(s, v) + d(v, t)$ und $p(s, t) = v$.

Werden die Knoten des Graphen in irgendeiner Weise sortiert, so können die Distanzen $d(u, v)$ sowie die Vorgängerknoten auf kürzesten Wegen $p(u, v)$ auch durch Matrizen dargestellt werden.

Aufgabe 11 (Lösung auf Seite 123):
Betrachten Sie folgenden vollständigen Graphen mit der Knotenmenge $V = \{a, b, c, d\}$, dessen Kantengewichte durch folgende Adjazenzmatrix dargestellt sind:

$$
\begin{array}{c}
\\ a \\ b \\ c \\ d
\end{array}
\begin{array}{cccc}
a & b & c & d \\
\left(\begin{array}{cccc}
0 & 12 & 6 & -2 \\
5 & 0 & 7 & 7 \\
4 & -2 & 0 & 5 \\
11 & 5 & 2 & 0
\end{array} \right)
\end{array}
$$

Wenden Sie auf diesen Graphen Algorithmus 4 an.

Wir betrachten in einer abschließenden Bemerkung die Frage, wie der Floyd-Warshall-Algorithmus mit Kanten negativen Gewichts umgeht. Im nächsten Abschnitt 2.6 werden wir sehen, dass negative Kantengewichte durchaus sinnvoll sein können.

Bemerkung 2.17:
1. Der Eingabegraph des Floyd-Warshall-Algorithmus darf im Gegensatz zum Dijkstra-Algorithmus und A*-Algorithmus durchaus negativ gewichtete Kanten besitzen. Liegen aber Kreise negativer Länge vor, so liefert er womöglich nicht die optimale Lösung.

2. Kreise negativer Länge erkennt man an der Diagonalen der Distanzmatrix, also an den Werten $d(u, u)$, $u \in V$. Ist einer dieser Werte kleiner Null, so liegt ein Kreis negativer Länge vor. In dem Fall ist auch der Wert $p(u, u) \neq u$, also der Vorgänger von u auf dem Weg von u nach u ist dann nicht u.

2.6 Anwendungsbeispiel: Routenplanung

Ein typisches Anwendungsbeispiel für Kürzeste-Wege-Probleme ist die Routenplanung. Gerade was den Straßenverkehr angeht, liegen hier allerdings gleich mehrere Besonderheiten vor, so dass Algorithmen zur Lösung derartiger Fragestellungen (z.B. in Navigationssystemen) auf die spezielle Situation angepasst werden:

Bemerkung 2.18:

1. Der Eingabegraph ist zumindest für eine bestimmte Region (relativ) konstant, da sich das Straßennetz nur langsam ändert. Das ermöglicht es, häufig benötigte Informationen nicht erst bei einer Suchanfrage, sondern vorab zu berechnen. Zum Beispiel indem sämtliche mögliche Autobahnfahrten, also alle Kombinationen aus Autobahnauffahrt und -abfahrt, vorab mit dem Floyd-Warshall-Algorithmus berechnet werden und diese dann als Informationen für eine Suchabfrage zur Verfügung stehen.

2. Bei realen Straßennetzwerken ist eine weitere Besonderheit zu beobachten. Straßen können hierarchisch sortiert werden, und zwar beginnend bei Straßen in Wohngebieten, über Ortsdurchfahrtsstraßen, Landstraßen, Bundesstraßen bis hin zu Autobahnen. Es fällt auf, dass für die meisten Verbindungen ein kürzester Weg höchstens einen Hierarchieaufstieg und dann einen Hierarchieabstieg der benutzen Straßen beinhaltet (der Weg führt nicht von der Autobahn in ein Wohngebiet und dann wieder auf die Autobahn). Dieser Umstand lässt sich auch in Verfahren berücksichtigen, die dadurch optimale Lösungen selbst für sehr große Graphen mit etwa 20 Millionen Knoten (z.B. Europa oder die USA) in Sekundenschnelle berechnen (Geisberger et al. (2012)).

3. Die Routenplanung im öffentlichen Verkehr werden wir gleich noch beleuchten. Es sei aber noch darauf hingewiesen, dass auch kürzeste Wege beim kombinierten Transport (z.B. Auto und öffentlicher Verkehr) inzwischen in kürzester Zeit exakt bestimmt werden können (Bast et al. (2016)).

4. Kanten negativen Gewichts können auch bei der Routenplanung sinnvoll sein. Angenommen, Sie wollen in einem Graphen $G = (V, E)$ von $s \in V$ nach $t \in V$, würden aber einen Umweg der Länge a in Kauf nehmen, um dadurch über Knoten $v \in V$

fahren zu können. Natürlich können Sie die drei kürzesten Wege von s nach t, von s nach v und von v nach t bestimmen. Geschickter ist es allerdings, den Knoten v wie in Abbildung 2.9 in zwei Knoten, v_1 und v_2, aufzuteilen.

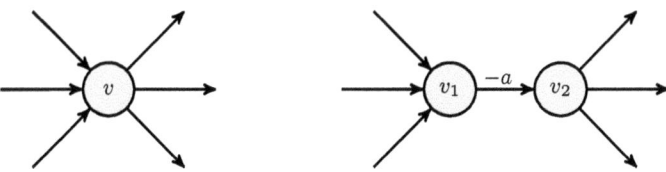

Abbildung 2.9: Berücksichtigung von Umwegen durch Transformation eines Graphen

Im Folgenden wollen wir betrachten, wie die Idee des Dijkstra-Algorithmus auf die Routenplanung im öffentlichen Personenverkehr angewendet werden kann.

Beispiel 2.19
Sie befinden sich an der Bushaltestelle „Universität der Bundeswehr" und möchten zur Haltestelle „Kellinghusenstraße" fahren. Einen vereinfachten Ausschnitt des Linienplans des HVV, der alle wichtigen Verbindungen enthält, finden Sie in Abbildung 2.10.

Anstelle des gesamten Netzplans sind nur relevante Haltestellen verzeichnet. So wurden Haltestellen einer Linie, die nicht (sinnvollerweise) zum Umsteigen genutzt werden können, weggelassen. Ein Knoten in diesem Graphen ist stets als zwingender Umsteigepunkt zu verstehen. Direktverbindungen werden durch zusätzliche Kanten ohne Stopp modelliert. So gibt es z.B. eine Kante von der Universität der Bundeswehr zur Hudtwalckerstraße, obwohl die entsprechende Linie X22 auch Wandsbek Markt und Wandsbeker Chaussee hält. Von Wandsbek Markt und Wandsbeker Chaussee wurden hingegen keine Kanten zur Hudtwalckerstraße eingezeichnet, da an diesen Haltestellen ein Umsteigen in die Linie X22 wenig sinnvoll ist, da ein Zustieg bereits bei der Universität der Bundeswehr geschickter wäre.

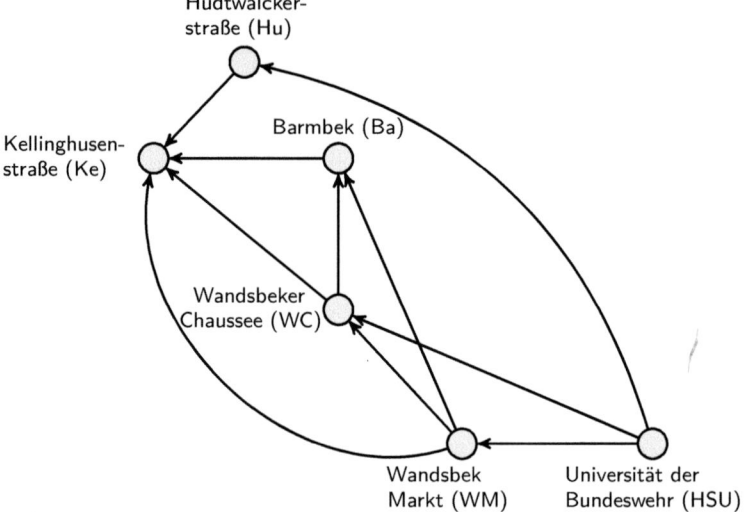

Abbildung 2.10: Ausschnitt des Netzes der HVV

Für jedes Umsteigen veranschlagen Sie fünf Minuten. Wir gehen
davon aus, dass Sie tagsüber fahren und die Abfahrtszeiten daher zu
jeder Stunde die gleichen sind. Die in Tabelle 2.9 gelisteten Abfahrt-
zeiten sind für Ihre Routenplanung relevant.

Es hat nun, im Vergleich zu den bisherigen Kürzeste-Wege-Problemen,
keinen Sinn, die Fahrtdauer als Kantengewicht zu wählen. Eine
derartige Modellierung würde außer Acht lassen, dass man am Start-
oder Zwischenknoten auf die nächste Bahn warten muss, und auch die
Umsteigezeit würde dann nicht berücksichtigt. Insbesondere ist also
auch der Startzeitpunkt von entscheidender Bedeutung. Dennoch lässt
sich das Prinzip des Dijkstra-Algorithmus auf diese Problemstellung
analog anwenden. Wir können gleichermaßen die Mengen A, B und
C bestimmen und wir müssen nur die Berechnung der Distanz anders
durchführen. Statt einfach ein Kantengewicht abzulesen, müssen die
entsprechenden Daten dem Fahrplan entnommen werden.

Abfahrtsplan
Univ. der Bundeswehr

Linie	HSU	WM	WC	Hu
263	01	09		
10	06	14		
X22	09	16	19	37
162	11	19		
10	16	24		
X22	19	26	29	47
263	21	29		
10	26	34		
X22	29	36	39	57
162	31	39		
10	36	44		
X22	39	46	49	07
263	41	49		
10	46	54		
X22	49	56	59	17
162	51	59		
10	56	04		
X22	59	06	09	27

Abfahrtsplan
Wandsbeker Chaussee

Linie	WC	Ba	Ke
U1	02		23
S1	03	07	
213	09	22	
U1	12		33
S1	13	17	
213	19	32	
U1	22		43
S1	23	27	
213	29	42	
U1	32		53
S1	33	37	
213	39	52	
U1	42		03
S1	43	47	
213	49	02	
U1	52		13
S1	53	57	
213	59	12	

Abfahrtsplan
Wandsbek Markt

Linie	WM	WC	Ba	Ke
U1	01	02		23
23	01		17	
213	04	09	22	
23	06		23	
U1	11	12		33
23	11		27	
213	14	19	32	
23	16		33	
U1	21	22		43
23	21		37	
213	24	29	42	
23	26		43	
U1	31	32		53
23	31		47	
213	34	39	52	
23	36		53	
U1	41	42		03
23	41		57	
213	44	49	02	
23	46		03	
U1	51	52		13
23	51		07	
213	54	59	12	
23	56		13	

Abfahrtsplan
Barmbek

Linie	Ba	Ke
U3	02	09
U3	07	14
U3	12	19
U3	17	24
U3	22	29
U3	27	34
U3	32	39
U3	37	44
U3	42	49
U3	47	54
U3	52	59
U3	57	04

Abfahrtsplan
Hudtwalckerstr.

Linie	Hu	Ke
25	04	06
U1	07	09
25	14	16
U1	17	19
25	24	26
U1	27	29
25	34	36
U1	37	39
25	44	46
U1	47	49
25	54	56
U1	57	59

Tabelle 2.9: Abfahrtspläne zu Beispiel 2.19

Nehmen wir an, wir starten zur vollen Stunde, dann könnten wir nach 9 Minuten an der Haltestelle Wandsbek Markt ankommen, nach 19 Minuten an der Wandsbeker Chaussee und nach 37 Minuten an der Hudtwalckerstraße. Entsprechend würden wir die Haltestelle Wandsbek Markt in die Menge A aufnehmen. Von dort aus könnten wir nach insgesamt 14 Minuten (9 plus 5 Minuten Umsteigezeit) weiterfahren und z.B. nach 43 Minuten an der Kellinghusenstraße ankommen. Das Verfahren lässt sich entsprechend fortsetzen.

Aufgabe 12:
Führen Sie die Berechnung aus Beispiel 2.19 fort, um den schnellsten Weg zur Kellinghusenstraße zu ermitteln. Berechnen Sie außerdem die schnellste Verbindung unter folgenden Voraussetzungen: Sie starten zum Zeitpunkt 10, sind aber beim Umsteigen so schnell, dass Sie die 5 Minuten (die von der Deutschen Bahn veranschlagt werden) locker unterbieten. Wir gehen sogar davon aus, dass Sie den Anschluss erreichen, selbst wenn die Ankunftszeit und Abfahrtszeit übereinstimmen (sie brauchen also nur 0 Minuten).

Bemerkung 2.20:
Bei der in Beispiel 2.19 vorgestellten Anwendung ist zu beachten, dass neben der frühesten Ankunftszeit häufig noch ein Sekundärziel zu verfolgen ist. Bei gleicher Ankunftszeit sollte in der Regel die Verbindung gewählt werden, bei der die Abfahrtszeit am Startort möglichst spät ist. Wenn Sie zum Beispiel zur vollen Stunde von der HSU zur Wandsbeker Chaussee fahren möchten, könnten Sie zum Zeitpunkt 01 zu Wandsbek Markt fahren und anschließend zum Zeitpunkt 14 zur Wandsbeker Chaussee mit der Ankunft um 19. In vielen Fällen werden Sie es dann aber bevorzugen, erst um 09 an der HSU den direkten Weg zur Wandsbeker Chaussee zu wählen, da dieser die gleiche Ankunftszeit hat.

3 Flussprobleme

Wir wenden uns in diesem Kapitel der Klasse der Flussprobleme zu, die wir einleitend über zwei Beispiele motivieren.

Beispiel 3.1

Sie arbeiten bei einem Mineralölkonzern, der gerade eine neue Ölquelle entdeckt hat. Diese Quelle wurde bereits an Ihr Pipelinenetz angebunden, das wiederum zu Ihrer Raffinerie führt. Die Pipelines haben unterschiedliche Kapazität. Die Kapazität wird danach bemessen, wie viele Einheiten Öl pro Zeiteinheit durch diese Pipeline gepumpt werden können. Im Graphen aus Abbildung 3.1 sehen Sie die neue Ölquelle, dargestellt als Knoten s, die Raffinerie, dargestellt als Knoten t und die Pipelines, dargestellt als Kanten mit ihren jeweiligen Kapazitäten. Die übrigen Knoten stellen Verbindungspunkte der unterschiedlichen Pipelines dar. Sie fragen sich, wie viele Einheiten Öl pro Zeiteinheit maximal von der Quelle s zur Raffinerie t gepumpt werden können.

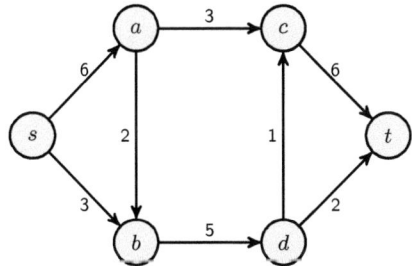

Abbildung 3.1: Netzwerk zu Beispiel 3.1

Beispiel 3.2

Nachdem Sie im Beispiel 3.1 ermittelt haben, wie viel Öl pro Zeiteinheit transportiert werden kann, wollen Sie diesen Transport möglichst kostengünstig durchführen. Denn die Nutzung der unterschiedlichen Pipelines, also der unterschiedlichen Kanten im Graphen, verursacht unterschiedliche Kosten. Das ist in Abbildung 3.2 dargestellt, indem für jede Kante zunächst die Kapazität und dann die Kosten angegeben sind.

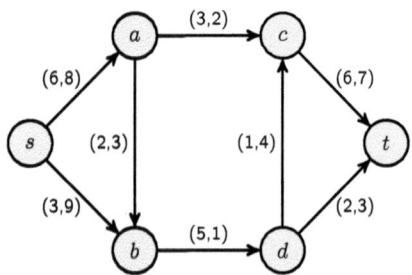

Abbildung 3.2: Netzwerk zu Beispiel 3.2

Einen Graphen, wie wir ihn in den Beispielen 3.1 und 3.2 beschrieben haben, nennen wir Netzwerk.

Definition 3.3 (Netzwerk)

Gegeben sei ein gerichteter Graph $G = (V, E)$ mit

- *nicht negativen Kantengewichten $w_e \geq 0, e \in E$ (Kapazitäten),*

- *einer zweiten Kantengewichtung $c : E \to \mathbb{R}$, die jeder Kante $e \in E$ einen nicht negativen Wert $c_e \geq 0$ zuordnet (Kosten) und*

- *zwei ausgezeichneten Knoten $s \in V$ (Quelle) und $t \in V$ (Senke).*

Ein derartiger Graph, der mit $(G, (w, c), s, t)$ bezeichnet wird, heißt Netzwerk.

Bemerkung 3.4:

1. Wie wir bereits in Beispiel 3.1 gesehen haben, können wir bei manchen Anwendungen in einem Netzwerk auf die Kosten

verzichten. Genau genommen werten wir in dem Fall alle Kosten als Null, denn laut der Definition 3.3 muss die Kostenbewertung ja vorliegen. Wenn wir keine Kosten benötigen, nutzen wir auch die Schreibweise (G, w, s, t).

2. Definition 3.3 beschränkt sich auf gerichtete Graphen. Ungerichtete Graphen können dadurch berücksichtigt werden, dass jede ungerichtete Kante in zwei gerichtete Kanten (mit gegensätzlicher Orientierung) mit gleicher Kapazität und gleichen Kosten umgewandelt wird. Beachten Sie dazu auch Punkt 2 der Bemerkung 3.10.

Eine (dritte) nicht negative Kantenbewertung auf einem Netzwerk bezeichnen wir als Fluss, wenn zwei zusätzliche Bedingungen erfüllt sind: Zum einen darf die zusätzliche Kantenbewertung die Kapazität der jeweiligen Kante nicht überschreiten. Zum anderen muss in jeden Knoten mit Ausnahme der Quelle und der Senke „genauso viel hinein wie heraus fließen" (sog. Flusserhaltungsbedingung oder Kirchhoffsches Gesetz).

Definition 3.5 (Fluss auf einem Netzwerk)
Gegeben sei ein Netzwerk $(G, (w, c), s, t)$. Eine (dritte) Kantenbewertung f mit $f(e) \in \mathbb{R}, e \in E$, heißt Fluss, wenn sie die folgenden Eigenschaften erfüllt:

1. *Für jede Kante $e \in E$ gilt $0 \leq f(e) \leq w_e$.*

2. *Für jeden Knoten $v \in V, v \neq s, v \neq t$ gilt:*

$$\sum_{u \text{ ist Vorgänger von } v} f(u, v) = \sum_{u \text{ ist Nachfolger von } v} f(v, u).$$

Offensichtlich gibt es also in jedem Netzwerk (mindestens) einen Fluss, da auch der *Nullfluss* $f(e) = 0 \; \forall e \in E$ die Anforderungen aus Definition 3.5 erfüllt.

Bemerkung 3.6:
1. In einem Netzwerk mit einem Fluss haben wir also (bis zu) drei Kantenbewertungen. Da die Kapazitäten und die Kosten

stets als Parameter aufzufassen sind, der Fluss aber in unseren
Anwendungen durch Variablen dargestellt ist, trennen wir den
Fluss in der graphischen Darstellung von den Kapazitäten und
den Kosten durch einen senkrechten Strich ab. Dadurch lässt
sich auch unterscheiden, dass, wenn nur zwei Kantenbewertungen vorliegen, diese wie in Abbildung 3.2 die Kapazitäten und
Kosten angeben, oder wie in Abbildung 3.3 links die Kapazitäten und einen Fluss (ohne Kosten).

2. Für die Beschreibung der Algorithmen (und auch im Beweis
   zu Satz 3.10) nutzen wir eine etwas allgemeinere Definition
   eines Flusses. Für jede Kante $(u, v) \in E$, für die es keine
   Kante in umgekehrte Richtung gibt (also $(v, u) \notin E$), setzen
   wir $f(v, u) = -f(u, v)$. Wir erweitern also den Fluss auch
   für einige nicht existente Kanten, wobei diese zusätzlichen
   Werte durchaus negativ sein dürfen (das widerspricht nicht der
   Definition 3.5, denn für jede Kante des originären Netzwerks
   ist der Wert ja größer gleich 0). Betrachten wir also eine Kante
   in „umgekehrter Richtung" und gibt es dort nicht bereits eine
   entsprechende Kante, so sehen wir den zugehörigen Wert des
   Flusses als negativ an. Es handelt sich dabei jedoch nur um
   einen Hilfswert, den wir in den Algorithmen benötigen. Analog
   setzen wir auch $c(v, u) = -c(u, v)$.

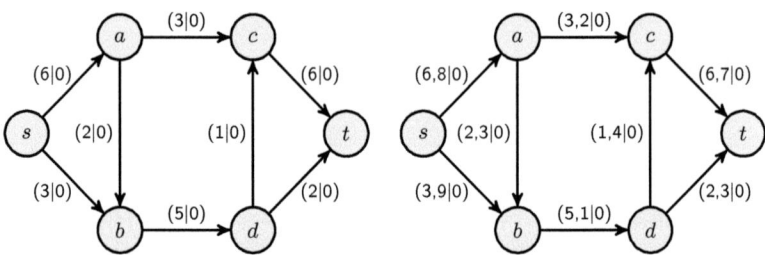

Abbildung 3.3: Netzwerk mit Nullfluss zu Beispiel 3.1 (links) und zu
Beispiel 3.2 (rechts)

Für ein gegebenes Netzwerk und zugehörigen Fluss definieren wir:

Definition 3.7 (Flussstärke, Flusskosten)
Gegeben sei ein Netzwerk $(G, (w, c), s, t)$ *mit Fluss* f. *Der Wert*

$$F(f) := \sum_{v \text{ ist Nachfolger von } s} f(s, v) - \sum_{v \text{ ist Vorgänger von } s} f(v, s)$$

heißt Flussstärke von f. *Der Wert*

$$C(f) := \sum_{(u,v) \in E} c_{(u,v)} \cdot f(u, v)$$

heißt Kosten des Flusses f.

Beispiel 3.2 (Fortsetzung)
Im dem Netzwerk aus Abbildung 3.2 ist $f(s, a) = 0$, $f(s, b) = 2$, $f(a, b) = 0$, $f(a, c) = 0$, $f(b, d) = 2$, $f(c, t) = 1$, $f(d, c) = 1$, und $f(d, t) = 1$ ein Fluss mit Flussstärke 2. Dieser Fluss ist in Abbildung 3.4 dargestellt. Die Kosten dieses Flusses f berechnen sich als

$$C(f) = 8 \cdot 0 + 9 \cdot 2 + 3 \cdot 0 + 2 \cdot 0 + 1 \cdot 2 + 7 \cdot 1 + 4 \cdot 1 + 3 \cdot 1 = 34.$$

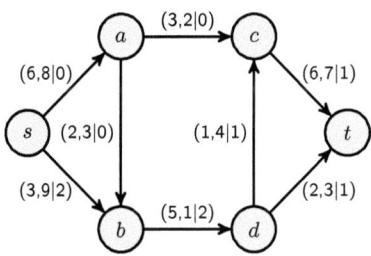

Abbildung 3.4: Netzwerk mit Fluss zu Beispiel 3.2

Bemerkung 3.8:
Bei den bisherigen Beispielen gab es keine Kanten, die in s enden und auch keine Kanten, die in t starten. Es ist aber durchaus denkbar

(und bei Zirkulationsproblemen durchaus auch sinnvoll), dass dies der
Fall ist. Entsprechend müssen wir bei der Berechnung der Flussstärke
nicht nur die Nachfolger von s, sondern auch die Vorgänger mit
betrachten.

Bevor wir nun die in den Beispielen 3.1 und 3.2 beschriebenen Fragestellungen formalisieren und sie lösen, benötigen wir noch den Begriff
eines Residualgraphen. Um uns diesem Begriff zu nähern, betrachten
wir zunächst noch einmal ein Beispiel.

Beispiel 3.2 (Fortsetzung)
Betrachten Sie die Kante (b, d) in Abbildung 3.4. Diese hat eine
Kapazität von 5, und der Fluss beträgt aktuell 2. Im Moment lässt sich
der Wert des Flusses auf der Kante (b, d) noch um bis zu 3 Einheiten
erhöhen, bzw. er könnte auch wieder um bis zu 2 Einheiten verringert
werden. Gegeben den aktuellen Fluss, beträgt die (Rest-)Kapazität
von b nach d also nur noch 3 Einheiten. Da wir den aktuellen Fluss
aber auch um 2 Einheiten verringern können, haben wir (wieder
gegeben der aktuelle Fluss) eine Kapazität von d nach b von 2
Einheiten. Natürlich haben wir keine „echte" Kapazität von d nach
b, denn dort existiert ja keine entsprechende Kante, aber relativ zum
aktuellen Fluss haben wir eine Kapazität von 2 von d nach b, denn
wir können den aktuellen Fluss ja entsprechend verringern.

Wir definieren:

Definition 3.9 (Residualgraph)
*Gegeben sei ein Netzwerk $(G, (w, c), s, t)$ (mit $G = (V, E)$) mit ei-
nem zugehörigen Fluss f. Der Residualgraph ist ein gewichteter
(Multi-)Graph $G' = (V, E', (w', c'))$ mit identischer Knotenmenge
V und der folgenden Kantenmenge E' mit zugehörigen Gewichten
(w', c'). $(u, v) \in E'$ genau dann, wenn*

- $(u, v) \in E$ und $f(u, v) < w_{(u,v)}$ mit $w'_{(u,v)} := w_{(u,v)} - f(u, v)$
  und $c'_{(u,v)} = c_{(u,v)}$

  (Restkapazität der Kante (u, v)), oder

- $(v,u) \in E$ *und* $f(v,u) > 0$ *mit* $w'_{(u,v)} := f(v,u)$ *und* $c'_{(u,v)} = -c_{(u,v)}$

  (Rückkante von (v,u)).

  (Sollten beide Bedingungen erfüllt sein, enthält E' die Kante (u,v) zweifach.)

Beachten Sie, dass in dem ersten Unterpunkt der Definition die Kante (u,v) des originären Netzwerks betrachtet wird, während im zweiten Unterpunkt nicht (u,v), sondern (v,u) betrachtet wird.

Bemerkung 3.10:

1. Eine Kante (u,v) im originären Netzwerk verursacht entweder die gleiche Kante im Residualgraphen (wenn $f(u,v) = 0$), oder sie verursacht die umgekehrt orientierte Kante (v,u) (wenn $f(u,v) = w_{(u,v)}$), oder sie verursacht beide Kanten (wenn $0 < f(u,v) < w_{(u,v)}$).

2. Gibt es im originären Netzwerk zwischen zwei Knoten jeweils eine Kante in jede Richtung (wie es z.b. der Fall ist, wenn ein ungerichteter Graph in einen gerichteten Graphen verwandelt wird), so ist der Residualgraph meist ein Multigraph. Mehrere Kanten zwischen einem Knotenpaar können (müssen aber nicht) zu einer Kante zusammengefasst werden, die als Gewicht die Summe der beiden ursprünglichen Kantengewichte erhält. Dadurch entsteht wieder ein schlichter Graph.

3. Sind die Kosten c eines Netzwerks irrelevant, haben also alle den Wert 0, so trifft das auch auf den Residualgraphen zu.

Der Residualgraph stellt also die Kapazitäten eines Netzwerks *relativ* zum Fluss f dar. Betrachtet man den Nullfluss, so entspricht der Residualgraph dem Graphen des ursprünglichen Netzwerks.

Beispiel 3.2 (Fortsetzung)
Für den Fluss, der in Abbildung 3.4 dargestellt ist, erhalten wir den in Abbildung 3.5 dargestellten Residualgraphen.

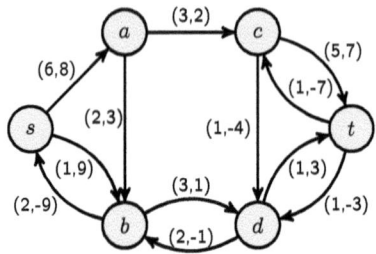

Abbildung 3.5: Residualgraph zu dem Netzwerk aus Abbildung 3.4

Im nächsten Abschnitt 3.1 werden wir nun die Fragestellung aus
Beispiel 3.1 formalisieren und zwei Lösungsverfahren dafür kennen
lernen. Dabei werden wir stets davon ausgehen, dass alle Kosten
des Netzwerks Null sind. Entsprechend nutzen wir die Schreibweise (G, w, s, t) statt $(G, (w, c), s, t)$. Anschließend betrachten wir in
Abschnitt 3.2 die Fragestellung aus Beispiel 3.2 nebst einem Lösungsverfahren. Abschließend stellen wir einen Zusammenhang zwischen
Maximalflussproblemen und dem Problem der Bestimmung eines
minimalen Schnitts eines Netzwerks her (Abschnitt 3.3).

3.1 Flüsse maximaler Stärke

Wir definieren nun das in Beispiel 3.1 beschriebene Problem formal.

Optimierungsproblem 3 (Maximalflussproblem):

Eingabe-parameter:	Netzwerk (G, w, s, t) mit $G = (V, E)$ (Netzwerk ohne Kosten)
Entscheidungs-optionen:	Eine Kantenbewertung $f : E \to \mathbb{R}$ im Graphen G
Restriktionen:	Die Kantenbewertung f muss ein Fluss auf dem Netzwerk (G, w, s, t) sein.

Zielfunktion:	Die Flussstärke $F(f)$ von f soll maximiert werden.

Wie bereits erwähnt, werden wir zwei Verfahren zur Lösung dieser Problemstellung kennenlernen. Warum eigentlich zwei Verfahren? Das hat zwei Gründe. Zum einen hat jedes der beiden Verfahren seine Vorzüge. Das Verfahren von Ford und Fulkerson liefert insbesondere dann schnell die optimale Lösung, wenn die Anzahl an Kanten im Vergleich zur Knotenanzahl eher gering ist. Das Preflow-Push-Verfahren hat hingegen Vorzüge, wenn der Graph relativ viele Kanten hat. Zum anderen haben die beiden Verfahren unterschiedliche zugrundeliegende Ideen, die beide zum Verständnis des Optimierungsproblems beitragen.

3.1.1 Das Verfahren von Ford und Fulkerson

Der Algorithmus von Ford und Fulkerson basiert auf den Sätzen 3.3 und 3.4, die wir einleitend angeben.

Satz 3.3 (Augmented Path Theorem von Ford und Fulkerson)
Gegeben sei ein Netzwerk (G, w, s, t) mit einem Fluss f. Der Fluss f hat genau dann die maximale Stärke, wenn es im zugehörigen Residualgraphen keinen Weg von s nach t gibt.

BEWEIS: Da in dem Satz „genau dann" steht, müssen wir zwei Behauptungen beweisen. Und zwar die 1. Behauptung „f hat maximale Stärke, dann gibt es im Residualgraphen keinen Weg von s nach t", und die 2. Behauptung „Wenn es im Residualgraphen keinen Weg von s nach t gibt, so hat f maximale Stärke". Die Behauptungen beweisen wir nacheinander.

1. Behauptung (f hat maximale Stärke, dann gibt es im Residualgraphen keinen Weg von s nach t.):
Um diese Behauptung zu beweisen, nutzen wir den Umkehrschluss. Der Umkehrschluss besagt, dass wenn wir „aus Aussage A folgt

Aussage B" beweisen wollen, können wir gleichbedeutend auch „aus
Nicht-B folgt Nicht-A" beweisen. In diesem Fall beweisen wir: Wenn
es einen Weg von s nach t gibt (Nicht-B), dann hat f keine maximale
Stärke (Nicht-A).

Angenommen es gäbe im Residualgraphen einen Weg von s nach
t, dessen Kanten wir mit P bezeichnen. Bei jeder Kante (u, v) dieses Weges, die im Originalnetzwerk bereits existiert, kann der Wert
des Flusses erhöht werden, denn es muss (wegen der Definition
des Residualgraphen) $w_{(u,v)} - f(u, v) > 0$ gelten. Bei jeder Kante (u, v) dieses Weges, die im Originalnetzwerk nicht existiert, gilt
$f(u, v) > 0$. Der Wert des Flusses kann entsprechend verringert wer-
den. Sei nun $y := \min_{e \in P} w'_e$. Dann ist $f'(e) := f(e)$ (falls $e \notin P$) bzw.
$f'(e) := f(e) + y$ (falls $e \in P$) ein Fluss und es gilt $F(f') = F(f) + y$.
Die Flussstärke des neuen Flusses f' ist also größer als die von f,
was beweist, dass die Flussstärke von f nicht maximal ist.

2. Behauptung (Wenn es im Residualgraphen keinen Weg von s nach
t gibt, so hat f maximale Stärke.):
Sei S die Menge aller Knoten v, für die es einen Weg von s nach
v im Residualgraphen gibt. Offensichtlich gilt $t \notin S$. Sei $T := V \backslash S$.
Für alle Knotenpaare (a, b) mit $a \in S, b \in T$ gilt also $w'_{(a,b)} = 0$ und
damit $f(a, b) = w_{(a,b)}$. Falls im Originalnetzwerk die Kante (b, a)
existiert, so gilt $f(b, a) = 0$. Zwischen der Knotenmenge S und T
lässt sich der Wert des Flusses f folglich auf keiner Kante erhöhen,
und f ist somit maximal.   □

Satz 3.4
*Gegeben sei ein Netzwerk (G, w, s, t) mit einem Fluss f, so dass es
im Residualgraphen einen Weg von s nach t gibt. Weiter sei P die
Kantenmenge eines Weges von s nach t im Residualgraphen und
$y := \min_{e \in P} w'_e$. Dann ist f' mit*

$$f'(e) := \begin{cases} f(e) & \text{falls } e \notin P \\ f(e) + y & \text{falls } e \in P \end{cases}$$

ein Fluss auf dem Netzwerk (G, w, s, t) mit Stärke $F(f') = F(f) + y$.

BEWEIS: Folgt direkt aus dem Beweis der ersten Behauptung des Augmented Path Theorems. □

Aus den beiden Sätzen 3.3 und 3.4 können wir schließen, dass wir die Stärke eines Flusses erhöhen können, solange es im zugehörigen Residualgraphen einen Weg von s nach t gibt (einen sogenannten *wertsteigernden Weg* oder im Englischen *Augmented Path*). Möchte man dies in einem Algorithmus ausnutzen, gilt es also (irgend)einen Weg von s nach t im Residualgraphen zu finden. Da der kürzeste Weg (bzgl. der Anzahl der besuchten Kanten) von s nach t ein solcher Weg ist, kann hier z.b. der Dijkstra-Algorithmus angewendet werden. Der Algorithmus von Ford und Fulkerson basiert auf dieser Idee. Er ist benannt nach seinen Erfindern L. R. Ford Jr. (1927–2017) und D. R. Fulkerson (1924–1976), die den Algorithmus 1956 veröffentlichten (Ford and Fulkerson (1956)).

Algorithmus 5:

Name:	Ford und Fulkerson	
Typ:	Exaktes Verfahren	Laufzeit: $O(nm^2)$
Eingabe:	Netzwerk (G, w, s, t) und Fluss f	
Ausgabe:	Fluss f mit maximaler Stärke	

1. Residualgraph:

- Bestimme den Residualgraphen des Netzwerks mit zugehörigem Fluss f. Die Kantengewichte des Residualgraphen seien wie gewohnt mit w' bezeichnet

2. Augmented Path und Stoppkriterium:

- Bestimme im Residualgraphen einen Weg von s nach t mit minimaler Kantenanzahl, sofern ein solcher Weg existiert.

- Gibt es keinen solchen Weg, dann stoppe. Fluss f hat maximale Stärke.

3. Erweiterung:

- Sei P die Menge der Kanten des Weges von s nach t. Es sei $y := \min_{e \in P} w'_e$. Setze für jede Kante $e \in P$: $f(e) := f(e) + y$ und gehe anschließend zu Schritt 1.

Ist in einem Netzwerk zunächst kein anderer Fluss bekannt, kann der Algorithmus von Ford und Fulkerson mit dem Nullfluss gestartet werden. Beachten Sie zudem die folgenden Anmerkungen:

Bemerkung 3.5:

1. In der Originalversion des Algorithmus von Ford und Fulkerson wird im zweiten Schritt des Algorithmus nur ein beliebiger Weg von s nach t verlangt (also nicht unbedingt einer mit minimaler Kantenzahl). In dem Fall liefert das Verfahren aber bei bestimmten Graphen (und unglücklicher Auswahl der Wege) nicht die optimale Lösung. Dies kann der Fall sein, wenn die Verbesserungen (d.h. Erhöhungen der Flussstärke) in den Iterationen infinitesimal werden. Dazu muss aber der (eher theoretische) Fall vorliegen, dass es irrationale Kantengewichte gibt (z.B. $\sqrt{2}$).

2. Die Präzisierung, dass der Weg mit minimaler Kantenanzahl gewählt wird, wird auch *Edmonds-Karp-Algorithmus* genannt (Edmonds and Karp (1972)). In diesem Fall ist das Verfahren selbst bei irrationalen Kantengewichten exakt.

3. Das Verfahren kann auch dazu genutzt werden, einen Fluss mit einer gewünschten Stärke $\overline{F} \geq 0$ zu bestimmen, die natürlich nicht größer als die maximale Flussstärke sein kann. Sollte im dritten Schritt das y so groß sein, dass $F(f) + y > \overline{F}$ gilt, so wird $y := \overline{F} - F(f)$ gesetzt, der Fluss aktualisiert, und das Verfahren bricht ab.

Aufgabe 13:
Wenden Sie den Algorithmus von Ford und Fulkerson auf das Netzwerk aus Abbildung 3.1 an. Beginnen Sie mit dem Nullfluss.

3.1.2 Das Preflow-Push-Verfahren

In diesem Abschnitt betrachten wir einen weiteren Algorithmus zur Lösung des Maximalflussproblems. Dazu halten wir noch einmal die Eigenschaften einer Lösung des Maximalflussproblems fest: Gesucht ist ein maximaler Fluss, also eine Kantenbewertung, die

1. die Kapazitätsbedingungen einhält,

2. die Flusserhaltungsbedingung erfüllt

3. und maximale Flussstärke hat.

Im gesamten Verlauf des Algorithmus von Ford und Fulkerson sind die ersten beiden Bedingungen erfüllt, während die dritte erst im Laufe des Algorithmus erreicht wird. Wir betrachten nun das Preflow-Push-Verfahren, bei dem ebenfalls die Kapazitätsbedingung ständig eingehalten wird und bei dem von einem sogenannten Präfluss möglichst großer Stärke ausgegangen wird. Die Flusserhaltungsbedingung wird erst im Laufe des Algorithmus erfüllt.

Wir definieren zunächst, was wir unter einem Präfluss verstehen.

Definition 3.6 (Präfluss auf einem Netzwerk)
Gegeben sei ein Netzwerk (G, w, s, t). Eine Kantenbewertung f mit $f(e) \in \mathbb{R}, e \in E$, heißt Präfluss, *wenn Sie die folgenden Eigenschaften hat:*

1. *Für jede Kante $e \in E$ gilt $0 \leq f(e) \leq w_e$.*

2. *Für jeden Knoten $v \in V, v \neq s, v \neq t$ gilt:*

$$\sum_{u \text{ ist Vorgänger von } v} f(u, v) \geq \sum_{u \text{ ist Nachfolger von } v} f(v, u).$$

Im Unterschied zu einem Fluss muss die Flusserhaltungsbedingung bei einem Präfluss also nicht erfüllt sein. Allerdings muss in jedem Knoten gewährleistet sein, dass mindestens so viel hinein fließt wie wieder herausfließt.

Man kann sich die Vorgehensweise des Preflow-Push-Verfahrens nun anschaulich wie folgt vorstellen. Durch die Kanten eines Netzwerks

soll, wie in Beispiel 3.1, Flüssigkeit transportiert werden. Am Anfang
sei der Wert des Flusses auf allen Kanten Null, und nur an der
Quelle s sei Flüssigkeit vorhanden. Wir stellen uns weiter vor, dass
alle Knoten und Kanten flach am Boden liegen. Nun wird die Quelle s
(deutlich) angehoben, so dass Flüssigkeit zu den Nachbarknoten fließt.
Dort versiegt sie aber, da sie zunächst nicht zu anderen Knoten
weiterfließen kann, die auf gleicher Höhe liegen. Einer der Knoten, bei
dem Flüssigkeit versiegt, wird nun ein kleines Stück angehoben, damit
die Flüssigkeit nicht mehr versiegt, sondern zu einem anderen Knoten
weiterfließt. Derart können alle Knoten (außer s und t) angehoben
werden. Diese Prozedur wird solange fortgeführt, bis möglichst viel
Flüssigkeit bei der Senke t ankommt, wo sie ja schließlich versiegen
soll. Sollte dann immer noch Flüssigkeit in anderen Knoten versiegen,
so werden diese Knoten weiterhin angehoben, bis die überschüssige
Flüssigkeit idealerweise auch in der Senke t versiegt oder zurück zur
Quelle geflossen ist.

Wir definieren:

Definition 3.7 (Übermaß)
*Sei (G, w, s, t) ein Netzwerk mit Präfluss f. Für jeden Knoten $v \in$
$V \backslash \{s, t\}$ beschreibt*

$$excess(v) := \sum_{u \text{ ist Vorgänger von } v} f(u, v) - \sum_{u \text{ ist Nachfolger von } v} f(v, u)$$

das Übermaß *oder auch den* Exzess *von v.*

Im Wortlaut des bisherigen Beispiels beschreibt das Übermaß also,
wie viel Flüssigkeit in einem Knoten versiegt.

Bemerkung 3.8:

1. Ist für einen Präfluss f das Übermaß jedes Knotens $v \in V \backslash \{s, t\}$
   gleich Null, d.h. ist $excess(v) = 0$ für alle $v \in V \backslash \{s, t\}$, so ist
   f offensichtlich ein Fluss.

2. Die Definition der Flussstärke lässt sich auf einen Präfluss übertragen. Um einen Präfluss mit maximaler Stärke zu erhalten,

müssen die Kapazitäten von der Quelle zu allen Nachbarknoten voll ausgenutzt werden.

Im Preflow-Push-Verfahren wird also versucht, einen Präfluss mit maximaler Stärke derart zu verändern, dass die Flusserhaltungsbedingung erfüllt wird und dabei die Stärke möglichst wenig abnimmt. Dies geschieht, wie bereits erwähnt, durch eine Knotenbewertung, die als 'Höhe' aufgefasst werden kann. Die Höhe derjenigen Knoten, die ein positives Übermaß haben, wird schrittweise angepasst. Der Algorithmus geht zurück auf die Publikation von Goldberg and Tarjan (1988).

Algorithmus 6:

Name:	Preflow-Push-Verfahren	
Typ:	Exaktes Verfahren	Laufzeit: $O(n^3)$
Eingabe:	Netzwerk (G, w, s, t)	
Ausgabe:	Fluss f mit maximaler Stärke	

1. Initialisierung:

- Sei f ein Präfluss mit $f(s, v) := w_{(s,v)}$ für alle $v \in V\backslash\{s\}$ mit $(s, v) \in E$ und $f(e) := 0$ sonst.

- Setze $height(s) = n$ und $height(v) = 0$ für alle $v \in V\backslash\{s\}$.

- Bestimme das Übermaß $excess(v)$ jedes Knotens $v \in V\backslash\{s, t\}$.

2. Stoppkriterium:

- Falls $excess(v) = 0$ für alle $v \in V\backslash\{s, t\}$, dann stoppe.

- Ansonsten wähle den Knoten v^* mit $excess(v^*) > 0$ aus, bei dem sich die Höhe $height(v^*)$ zuletzt verändert hat. Hat sich die Höhe bei allen Knoten $v \in V\backslash\{s, t\}$ mit $excess(v) > 0$ noch nicht verändert, dann setze $v^* := \arg\max_{v\in V\backslash\{s,t\}} excess(v)$.

3. Abfluss:

- Lasse den Überfluss von v^* ablaufen, indem für jeden Knoten $u \in V$, der Nachbar von v^* ist, folgendes ausgeführt wird: Treffen die beiden Bedingungen

  (i) $w'_{(v^*,u)} > 0$ (es gibt Kapazität im Residualgraphen auf der Kante von v^* nach u)

  (ii) $height(v^*) > height(u)$ (v^* ist höher als u)

  zu, so setze $f(v^*, u) := f(v^*, u) + \min\{excess(v^*), w'_{(v,u)}\}$.
  Bestimme den neuen $excess(v^*)$ und $excess(u)$.

4. Relabel:

- Falls $excess(v^*) = 0$, dann gehe zu Schritt 2.

- Andernfalls setze $height(v^*) = height(v^*) + 1$ und gehe zu Schritt 3.

Wir machen folgende Beobachtungen:

Bemerkung 3.9:

1. Die Höhe der Quelle und der Senke bleibt während des gesamten Ablaufs des Algorithmus konstant bei n bzw. 0.

2. Die Veränderung der Höhe in Schritt 4 muss in Handrechnungen nicht nur um eine Einheit geschehen. Es ist möglich, die Höhe direkt auf den Wert zu setzen, der notwendig ist, damit in Schritt 3 ein Knoten gefunden werden kann, zu dem der Überfluss ablaufen kann.

3. Beachten Sie, dass die in der ersten Bedingung in Schritt 3 erwähnte Kante (v^*, u) nicht existieren muss! Sie muss nur im Residualgraphen auftauchen.

4. Beachten Sie, dass zwar das Übermaß eines Knotens nur zu einem Knoten geringerer Höhe ablaufen kann. Das bedeutet aber nicht, dass es nicht auch Kanten von niedrigeren Knoten zu höheren Knoten gibt, die eine positive Kantenbewertung (Wert des Präflusses auf der entsprechenden Kante) besitzen.

Anders ausgedrückt: Der (bestehende) Präfluss auf einer Kante ist unabhängig von der Höhe der Endknoten. Aber das Ablauflassen des Übermaßes, also die Veränderung des Präflusses, kann nur zu einem niedrigeren Knoten erfolgen.

5. In Schritt 3 wird versucht, das gesamte Übermaß eines Knotens ablaufen zu lassen. Gelingt das zunächst nicht, wird in Schritt 4 die Höhe heraufgesetzt, und es wird erneut versucht, das Übermaß ablaufen zu lassen. Erst wenn das gesamte Übermaß eines Knotens abgebaut ist, kann man einen anderen Knoten mit positivem Übermaß bearbeiten.

Aufgabe 14 (Lösung auf Seite 125):
Wenden Sie das Preflow-Push-Verfahren auf das Netzwerk aus Abbildung 3.1 an.

3.2 Kostenminimale Flüsse

Im Beispiel 3.2 sind wir davon ausgegangen, dass wir den Fluss maximaler Stärke möglichst kostengünstig durchführen. Tatsächlich wollen wir diese Fragestellung etwas allgemeiner formulieren, indem wir einen Fluss beliebiger Stärke möglichst kostengünstig durchführen wollen. Das bedeutet, dass wir eine gewünschte Flussstärke $\overline{F}$ als Parameter vorgeben. Damit können wir nun auch das Minimalkostenflussproblem definieren.

Optimierungsproblem 4 (Minimalkostenflussproblem):

Eingabe-parameter:	Netzwerk $(G, (w, \underline{c}), s, t)$ mit $G = (V, E)$, sowie Flussstärke $\overline{F}$
Entscheidungs-optionen:	Eine Kantenbewertung $f : E \to \mathbb{R}$ im Graphen G
Restriktionen:	Die Kantenbewertung f muss ein Fluss auf dem Netzwerk $(G, (w, c), s, t)$ sein. $F(f) = \overline{F}$

Zielfunktion:	Die Flusskosten $C(f)$ von f sollen minimiert werden.

Es wurde bereits eine Vielzahl von unterschiedlichen Verfahren vorgestellt, die das Minimalkostenflussproblem lösen. Einen Überblick dazu gewähren Ahuja et al. (1993). Wir begnügen uns mit einem Verfahren, das auf dem folgenden Satz aufbaut.

Satz 3.10

Gegeben sei ein Minimalkostenflussproblem sowie ein Fluss f, der die Restriktionen erfüllt. Die Flusskosten $C(f)$ sind genau dann minimal, wenn der Residualgraph keinen Kreis hat, dessen Länge bezogen auf die Kosten c' negativ ist.

BEWEIS: Wie im Beweis zu Satz 3.3 müssen wir zwei Behauptungen beweisen. Zunächst zeigen wir: wenn die Flusskosten $C(f)$ minimal sind, hat der Residualgraph keinen Kreis negativer Länge (bezogen auf c'). Dazu nutzen wir den Umkehrschluss. Wir nehmen also an, dass es einen entsprechenden Kreis negativer Länge gibt. Die Kanten dieses Kreises fassen wir in der Menge P zusammen. Sei $y := \min_{e \in P} w'_e$. Dann ist $f'(e) := f(e)$ (falls $e \notin P$) bzw. $f'(e) := f(e) + y$ (falls $e \in P$) ein Fluss, und es gilt $F(f') = F(f)$ (da der Fluss nur in einem Kreis verändert wurde) und $C(f') < C(f)$ (da die Länge des Kreises, bezogen auf die Kosten negativ, ist). Dann ist Fluss f nicht kostenminimal, und wir haben die erste Behauptung bewiesen.

Als zweite Behauptung müssen wir Folgendes zeigen: wenn der Residualgraph keinen Kreis negativer Länge (bezogen auf c') hat, dann ist f der kostenminimale Fluss. Auch hier arbeiten wir wieder mit dem Umkehrschluss. Wir nehmen also an, dass f nicht kostenminimal ist und folgern daraus, dass es dann im Residualgraphen einen Kreis negativer Länge geben muss. Wenn f nicht kostenminimal ist, muss es einen anderen Fluss f^* geben, der die gleiche Stärke, aber geringere Kosten hat. Nun definieren wir eine Menge von Kanten P wie folgt: $(u, v) \in P$ wenn $f(u, v) < f^*(u, v)$ oder wenn $f(v, u) > f^*(v, u)$. Die Kantenmenge P hat nun drei Eigenschaften, die zusammen beweisen, dass es einen Kreis im Residualgraphen mit negativer Länger gibt.

1. Die Kanten in P stellen einen oder mehrere (disjunkte) Kreise dar. Wenn dem nicht so wäre, würden sich die Flussstärken der beiden Flüsse unterscheiden.

2. Es gibt einen Kreis in P, bei dem die Summe der Kosten negativ ist. Das lässt sich an folgender Rechnung erkennen, bei der wir $f'(u, v) := f^*(u, v) - f(u, v)$ setzen und die wir durch Erklärungen nach jedem Rechenschritt ergänzen:

$$C(f^*) - C(f) = \sum_{(u,v) \in E} c_{(u,v)} \cdot f^*(u, v) - \sum_{(u,v) \in E} c_{(u,v)} \cdot f(u, v)$$

(einfache Anwendung der Definition der Kosten)

$$= \sum_{(u,v) \in E} c_{(u,v)} \cdot (f'(u, v))$$

(Anwendung der Definition von f')

$$= \sum_{\substack{(u,v) \in E: \\ f^*(u,v) > f(u,v)}} c_{(u,v)} \cdot |f'(u, v)| + \sum_{\substack{(u,v) \in E: \\ f^*(u,v) < f(u,v)}} -c_{(u,v)} \cdot |f'(u, v)|$$

(Aufteilung der Summe, wobei der Fall $f^*(u, v) = f(u, v)$ keine Kosten verursacht)

$$= \sum_{\substack{(u,v) \in E: \\ f^*(u,v) > f(u,v)}} c_{(u,v)} \cdot |f'(u, v)| + \sum_{\substack{(v,u) \in E: \\ f^*(v,u) < f(v,u)}} -c_{(v,u)} \cdot |f'(v, u)|$$

(Indextausch beim zweiten Summanden)

$$= \sum_{\substack{(u,v) \in E: \\ f^*(u,v) > f(u,v)}} c_{(u,v)} \cdot |f'(u, v)| + \sum_{\substack{(v,u) \in E: \\ f^*(v,u) < f(v,u)}} c_{(u,v)} \cdot |f'(u, v)|$$

(Wir nutzen, dass laut Bemerkung 3.6 (2) $c(u, v) = -c(v, u)$ und $f(u, v) = -f(v, u)$)

$$= \sum_{(u,v) \in P} c_{(u,v)} \cdot |f'(u, v)|$$

(die Kantenmenge unter den beiden Summen entspricht P.)

Da offensichtlich $C(f^*) - C(f) < 0$ gelten muss, ist auch die Summe der letzten Zeile negativ. Zudem muss $|f'(u,v)|$ zumindest innerhalb jedes Kreises gleich groß sein.

3. Jede Kante in P ist auch im Residualgraphen von f enthalten. Das lässt sich unmittelbar aus der Definition von P und der eines Residualgraphen erkennen.   □

Um das Minimalkostenflussproblem zu lösen, genügt es also, wenn wir für einen gegebenen Fluss mit passender Stärke sukzessive im Residualgraphen Kreise bestimmen, die, bezogen auf die Kosten, eine negative Länge haben und mit Hilfe dieser den Fluss verändern, bis es keinen derartigen Kreis mehr gibt. Einen Fluss mit passender Stärke können wir dabei z.B. mit dem Algorithmus von Ford und Fulkerson bestimmen, indem dieser abbricht, sobald die gewünschte Flussstärke erreicht ist. Kreise negativer Länge können wir dann mit dem Floyd-Warshall-Algorithmus bestimmen (siehe Bemerkung 2.17). Wobei die Beispiele zu dem Minimalkostenflussproblem in diesem Buch immer so gestaltet sind, dass Sie diese auch durch „scharfes Hinsehen" ermitteln können. Damit können wir den entsprechenden Algorithmus von Klein (Klein (1967)) beschreiben. Dieser ist benannt nach dem amerikanischen Wissenschaftler Morton Klein (1925–2001).

Algorithmus 7:

Name:	Algorithmus von Klein	
Typ:	Exaktes Verfahren	Laufzeit: $O(n^8 \log(n))$ (siehe Bem. 3.11)
Eingabe:	Netzwerk $(G, (w,c), s, t)$, Flussstärke $\overline{F} > 0$	
Ausgabe:	Fluss f mit Stärke $\overline{F}$ (falls vorhanden) mit minimalen Kosten	

1. Initialisierung:

- Bestimme einen Fluss f der Stärke $\overline{F}$ mit dem Algorithmus von Ford und Fulkerson.

- Gibt es keinen derartigen Fluss, dann stoppe (gewünschte Flussstärke ist größer als maximale Flussstärke).

2. **Residualgraph:**

   - Erstelle den Residualgraphen $(V, E', (w', c'))$ des Netzwerks und des Flusses f.

3. **Stoppkriterium:**

   - Bestimme im Residualgraphen einen Kreis, dessen Länge bezogen auf c' negativ ist.

   - Gibt es keinen solchen Kreis, dann stoppe (Fluss f ist optimal)

   - Sonst sei P die Kantenmenge eines derartigen Kreises.

4. **Flussänderung:**

   - Sei $y := \min_{e \in P} w'_e$ und für alle $e \in P$ setze $f(e) = f(e) + y$.

   - Gehe zu Schritt 2.

Bemerkung 3.11:

1. Wenn im Schritt 3 des Algorithmus, so wie hier beschrieben, ein beliebiger Kreis negativer Länge ausgewählt wird, so hat das Verfahren womöglich keine polynomielle Laufzeit. Im Falle irrationaler Eingabeparameter könnte der Algorithmus sogar endlos laufen. Wird hingegen stets der Kreis negativer Länge (bezogen auf die Kosten) ausgewählt, dessen Kosten, geteilt durch die Anzahl der Kanten, am geringsten sind, so wird die beschriebene (polynomielle) Laufzeit erreicht. Diese Spezifizierung des Algorithmus von Klein geht auf Goldberg and Tarjan (1989) zurück.

2. Die im Vergleich zu den bisher betrachteten Verfahren relativ große Worst-Case-Laufzeit des Algorithmus von Klein ist darin begründet, dass oft sehr viele Kreise zur Verbesserung der Lösung genutzt werden müssen, bis diese optimal ist. Im schlimmsten Fall werden also die Schritte 2 bis 4 sehr oft durchlaufen. Tatsächlich scheint das Verfahren in der Anwendung aber recht schnell zu sein.

Aufgabe 15:
Wenden Sie den Algorithmus von Klein auf den Graphen aus Abbildung 3.2 an. Nutzen Sie allerdings in der Initialisierung den Fluss, den Sie mit dem Preflow-Push-Algorithmus in Aufgabe 14 bestimmt haben. Geben Sie in jeder Iteration explizit die Kosten des aktuellen Flusses an.

3.3 Minimale Schnitte eines Netzwerks

Es mag zunächst verwunderlich klingen, dass es einen Abschnitt „Minimale Schnitte" in dem Kapitel zu Flussproblemen gibt. Um den Zusammenhang herzustellen, nähern wir uns dem Optimierungsproblem, das wir in diesem Abschnitt kennenlernen werden, über ein Beispiel.

Beispiel 3.12
Betrachten wir nun erneut den Graphen aus Beispiel 3.1. Stellen wir uns die (zugegebenermaßen äußerst destruktive) Aufgabe vor, die Versorgung von t durch s vollständig stillzulegen. Dazu können wir einzelne Pipelines (=Kanten) beschädigen, was uns einen Aufwand in Höhe der Kapazität der Kante beschert. Wie können wir die Versorgung mit möglichst geringem Aufwand vollständig unterbrechen?

Die in Beispiel 3.12 beschriebene Aufgabe bezeichnet man auch als die Bestimmung eines minimalen Schnittes des Netzwerks, denn t soll ja von s abgeschnitten werden. Wir formulieren diese Bezeichnung, wobei wir die Kosten eines Netzwerks außer Acht lassen.

Definition 3.13 (Schnitt eines Netzwerks)
Gegeben sei ein Netzwerk (G, w, s, t) mit $G = (V, E)$. Eine Teilmenge $E' \subseteq E$ der Kantenmenge heißt Schnitt *des Netzwerkes, wenn es im Graphen $G' = (V, E \backslash E')$ keinen Weg von s nach t gibt. Die Summe der Kantengewichte eines Schnittes $z(E') = \sum_{e \in E'} w_e$ beschreibt das* Gewicht *eines Schnittes.*

Wir beschäftigen uns nun also mit der Frage, wie wir einen Schnitt eines Netzwerkes mit minimalem Gewicht bestimmen können. Das formulieren wir als Optimierungsproblem.

Optimierungsproblem 5 (Minimaler Schnitt eines Netzwerkes):

Eingabe-parameter:	Netzwerk (G, w, s, t) mit $G = (V, E)$
Entscheidungs-optionen:	Eine Teilmenge E' der Kantenmenge E des Graphen G
Restriktionen:	$E' \subseteq E$ muss ein Schnitt des Netzwerkes sein.
Zielfunktion:	Das Gewicht des Schnittes $z(E')$ soll minimiert werden.

Der folgende Satz stellt den Bezug des Maximalflussproblems zum Problem des minimalen Schnittes her. Zur Erinnerung sei gesagt, dass $d_G(u, v)$ die Distanz zweier Knoten u und v in einem Graphen G bezeichnet.

Satz 3.14 (Maximaler Fluss – minimaler Schnitt Theorem)
Gegeben sei ein Netzwerk (G, w, s, t), ein Fluss maximaler Stärke f^*, sowie der zugehörige Residualgraph $G' = (V, E', w')$. Weiter sei $V(f^*) := \{v \in V | d_{G'}(s, v) < \infty\}$ die Menge der Knoten, zu denen es im Residualgraphen einen Weg, ausgehend von s, gibt. Dann gilt

1. *Die Menge $E^* := \{(u, v) \in E | u \in V(f^*), v \notin V(f^*)\}$ ist ein Schnitt minimalen Gewichts (die Menge der Kanten, die in $V(f^*)$ beginnen, aber nicht dort enden).*

2. *$F(f^*) = z(E^*)$ (Die maximale Flussstärke entspricht dem minimalen Gewicht eines Schnittes.)*

BEWEIS: Zunächst sei erwähnt, dass E^*, wie oben definiert, tatsächlich ein Schnitt ist. Die Menge $V(f^*)$ kann nicht t enthalten, denn sonst gäbe es ja einen Weg im Residualgraphen von s nach t, und der Fluss wäre nicht maximal. Entsprechend umfasst E^* nun alle

Kanten, die die Menge $V(f^*)$ (die s enthält) und $V\backslash V(f^*)$ (die t enthält) verbindet. Also ist E^* ein Schnitt. Als nächstes stellen wir zwei Hilfseigenschaften fest:

$$1) \quad \forall (u,v) \in E^*, u \in V(f^*) : f^*(u,v) = w_{(u,v)}$$

$$2) \quad \forall (u,v) \in V, u \notin V(f^*), v \in V(f^*) : f^*(u,v) = 0$$

Die erste Hilfseigenschaft sagt aus, dass auf jeder Kante, die in $V(f^*)$ beginnt, aber nicht dort endet, der Fluss der Kapazität dieser Kante entspricht. Das ist offensichtlich, wenn man sich überlegt, dass es andernfalls eine entsprechende Kante von u nach v im Residualgraphen gäbe. Die zweite Hilfseigenschaft gibt an, dass der Fluss auf den Kanten, die nicht in $V(f^*)$ starten, aber dort enden, gleich Null sein muss. Wäre dem nicht so, dann gäbe es wieder eine Kante von u nach v im Residualgraphen, was der Definition von $V(f^*)$ widerspräche. Die beiden Hilfseigenschaften können wir nun nutzen, um die Stärke des Flusses f^* zu bestimmen. Die Definition der Flussstärke zählt den von s ausgehenden Fluss abzüglich des Flusses, der in s hineingeht. Da für alle anderen Knoten in $V(f^*)$ (also außer s) die Flusserhaltungsbedingung gilt, entspricht die Flussstärke auch dem aus $V(f^*)$ ausgehenden Fluss abzüglich des Flusses, der in die Menge $V(f^*)$ hineingeht. Der aus der Menge $V(f^*)$ ausgehende Fluss entspricht laut der ersten Hilfseigenschaft genau den Kantengewichten der Kanten in E^*, also genau dem Gewicht des Schnittes. Die zweite Hilfseigenschaft sagt, dass auch nichts in die Menge $V(f^*)$ hineinfließt. Damit haben wir bereits die zweite Behauptung des Satzes bewiesen.

Für die erste Behauptung haben wir bereits gezeigt, dass E^* ein Schnitt ist. Wir müssen nur noch zeigen, dass dieser Schnitt auch minimales Gewicht hat. Das lässt sich durch einen Widerspruchsbeweis zeigen. Angenommen es gäbe einen Schnitt $\overline{E}$ mit $z(\overline{E}) < z(E^*)$. Dann ist die Flussstärke von f^* auf $z(\overline{E})$ beschränkt, denn aus der Menge $V(f^*)$ können (laut der Definition von $V(f^*)$ und des Gewichts des Schnittes) dann maximal $z(\overline{E})$ Einheiten entweichen. Damit erhalten wir dann aber den Widerspruch $F(f^*) \leq z(\overline{E}) < z(E^*) = F(f^*)$. $\square$

Wir wissen also, dass ein minimaler Schnitt immer genau das gleiche

Gewicht hat wie die Stärke eines maximalen Flusses. Zudem zeigt uns die erste Aussage des Satzes, wie wir, ausgehend von einem Fluss maximaler Stärke, einen Schnitt minimalen Gewichts bestimmen können. Dazu bilden wir den Residualgraphen und bestimmen (z.b. mit dem Dijkstraalgorithmus) all die Knoten, die von s aus über einen Weg erreichbar sind. Diese Knoten entsprechen der Menge $V(f^*)$. Jetzt müssen wir nur noch alle Kanten, die in $V(f^*)$ starten und in einem der verbleibenden Knoten enden, zusammenfassen, um unseren Schnitt minimalen Gewichts zu erhalten.

Aufgabe 16:
Bestimmen Sie mit Hilfe des Satzes 3.14 und Ihrer Lösung zu Aufgabe 14 einen Schnitt minimalen Gewichts für das Netzwerk aus Abbildung 3.1.

Die Definition eines Netzwerkes sagt aus, dass es immer nur eine Quelle und eine Senke in einem Netzwerk geben darf. Jetzt sind aber durchaus Situationen denkbar, in denen mehrere Quellen oder mehrere Senken vorliegen. Dem können wir aber durch einen kleinen Modellierungstrick begegnen, den wir zum Abschluss des Kapitels noch vorstellen möchten.

Bemerkung 3.15:
Liegt eine Abwandlung des Maximalflussproblems oder des Minimalkostenflussproblems vor, bei dem es mehr als eine Quelle gibt, so lässt sich ein zusätzlicher Knoten einführen (die sogenannte Superquelle), die ausschließlich Kanten zu den eigentlichen Quellen besitzt. Diese Kanten haben die Kapazität unendlich und die Kosten 0. Damit liegt wieder ein Netzwerk mit nur einer Quelle vor. Analog lässt sich auch eine Supersenke einführen. Das ist in Abbildung 3.6 veranschaulicht.

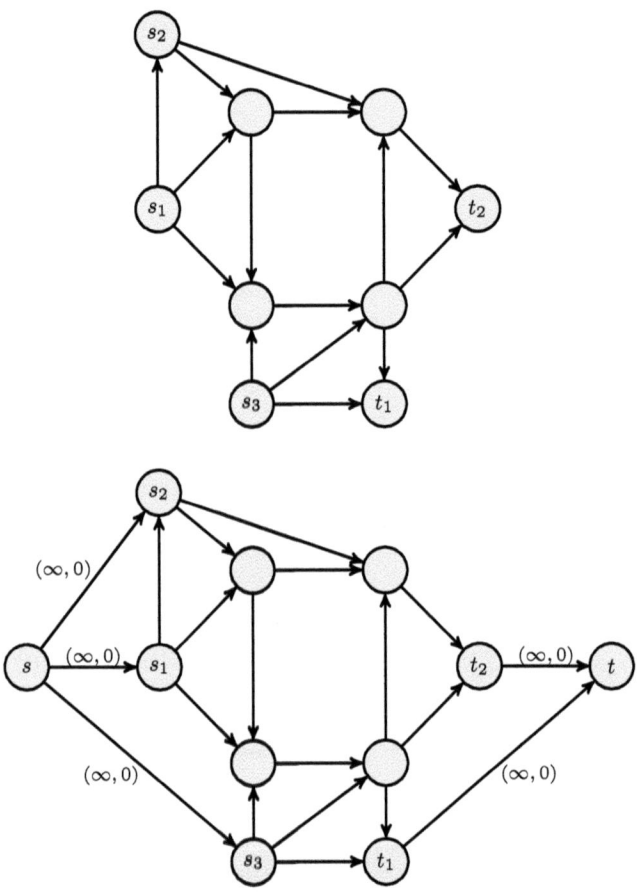

Abbildung 3.6: Graph mit mehreren Quellen und Senken (oben):
             Durch eine Superquelle und eine Supersenke wird der
             Graph zu einem Netzwerk (unten).

4 Matchings

Dieses Kapitel hätten wir auch „Paarbildung" nennen können, denn wir werden uns ausschließlich damit beschäftigen, Optimierungsprobleme zu lösen, bei denen Paare zu bilden sind. Dazu nutzen wir wieder hauptsächlich die Graphentheorie. Dass diese Fragestellungen dann tatsächlich auch was mit Logistikproblemen, genauer gesagt, mit dem Briefträgerproblem zu tun haben, sehen wir spätestens in Kapitel 5.

Wir beginnen das Kapitel zunächst wieder mit zwei Beispielen, die die Problemstellungen motivieren sollen.

Beispiel 4.1

In Ihrem Unternehmen sind soeben 7 Aufträge $a_1, a_2, \ldots, a_7$ eingegangen, die jeweils von einem Ihrer 6 Techniker $t_1, t_2, \ldots, t_6$ bearbeitet werden müssen. Allerdings ist nicht jeder Techniker qualifiziert, jeden Auftrag zu bearbeiten. So kann t_1 nur die Aufträge a_1 und a_7 bearbeiten, t_2 nur a_2, a_3 und a_4, usw. Wie findet man eine Zuordnung, bei der jeder Techniker maximal einen Auftrag bearbeitet und möglichst viele Aufträge bearbeitet werden können?

Eine Möglichkeit, dieses Problem zu modellieren, besteht darin, die Techniker und die Aufträge als disjunkte Knotenmengen eines Graphen aufzufassen und die möglichen Zuordnungen von Technikern zu Aufträgen als Kanten zwischen den entsprechenden Knoten abzubilden. Wir erhalten einen bipartiten Graphen (siehe Abbildung 4.1). In diesem Graphen stehen wir nun vor der Aufgabe, möglichst viele Kanten derart „auszuwählen", dass jeder Knoten maximal eine der ausgewählten Kanten berührt.

Beispiel 4.2

Vier Studenten $s_1, \ldots, s_4$ haben sich für ein Seminar angemeldet,

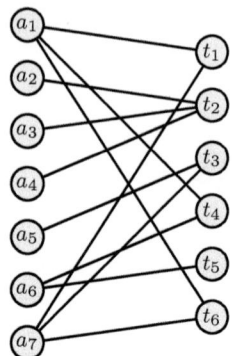

Abbildung 4.1: Bipartiter Graph zu Beispiel 4.1

in dem vier unterschiedliche Themen $t_1, \ldots, t_4$ bearbeitet werden
können. Jeder Student konnte im Vorfeld bereits Punkte auf die unterschiedlichen Themen verteilen, die angeben, wie schwer er das Thema
empfindet. Wie soll die Zuteilung der Studenten zu den Themen nun
erfolgen, so dass jeder Student ein Thema erhält, kein Thema doppelt
vergeben wird und die Summe der Punkte der Zuordnung minimal
ist?

Auch hier können wir die Fragestellung mittels eines bipartiten Gra-
phen darstellen. In Abbildung 4.2 findet sich ein entsprechender,
vollständig bipartiter Graph, der auch die Präferenzwerte abbildet.
Hier müssen wir nun genau vier Kanten auswählen, so dass jeder
Knoten nur eine Kante berührt und die Summe der ausgewählten
Kantengewichte minimal ist.

Während es in Beispiel 4.1 nur darum geht, möglichst viele Kanten auszuwählen, ist das Ziel in Beispiel 4.2, Kanten mit möglichst
geringem Gewicht auszuwählen.

Um uns diesen beiden Fragestellungen zu nähern, benötigen wir
zunächst den Begriff eines Matchings. Wie wir den Beispielen schon
entnehmen können, ist es bei der Modellierung wenig sinnvoll, ge-

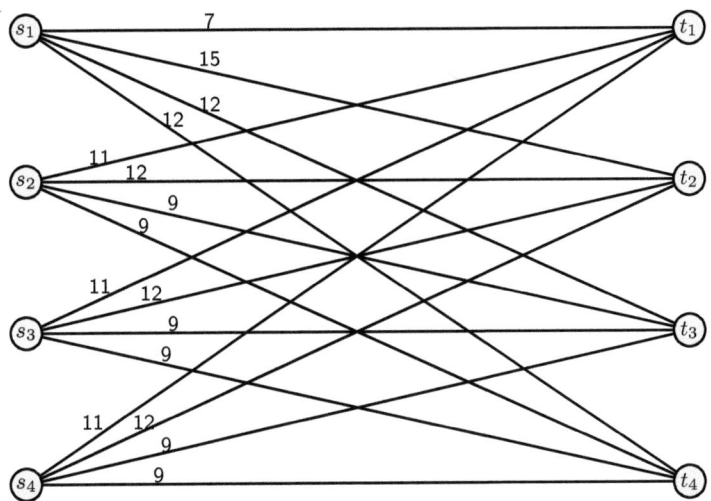

Abbildung 4.2: Bipartiter Graph zu Beispiel 4.2

richtete Graphen zu verwenden, so dass wir uns ausschließlich auf ungerichtete Graphen beschränken werden.

Definition 4.3 (Matching)
Gegeben sei ein ungerichteter Graph $G = (V, E)$. Eine Teilmenge $M \subseteq E$ heißt Matching, *falls es keinen Knoten in V gibt, der Endpunkt von mehr als einer Kante in M ist. Wir bezeichnen die Elemente des Matchings als* Matchingkanten *und Kanten $e \in E \setminus M$ als* Nicht-Matchingkanten.

Für unsere weiteren Überlegungen benötigen wir die folgenden Eigenschaften von Matchings.

Definition 4.4 (Gesättigtes, maximales und perfektes Matching)
Gegeben sei ein ungerichteter Graph $G = (V, E)$ und ein Matching M.

- *M heißt* gesättigt, *falls es in G kein Matching M' mit $M \subset M'$ (d.h. $M \subseteq M'$ und $M \neq M'$) gibt.*

- M *heißt* maximales Matching *in* G*, wenn es maximale Kantenzahl in* G *hat, also* $|M| = \max\{|M'| \mid M'$ *Matching*$\}$.

- *Sind alle Knoten in* G *Endpunkte einer Kante des Matchings* M*, so heißt* M perfektes Matching *von* G.

- *Ist* M *ein perfektes Matching in einem bipartiten Graphen, so heißt* M Zuordnung.

In Abbildungen veranschaulichen wir Matchings, indem wir die Kanten im entsprechenden Graphen fett markieren.

Beispiel 4.5

Abbildung 4.3 zeigt Beispiele zu den Definitionen 4.3 und 4.4.

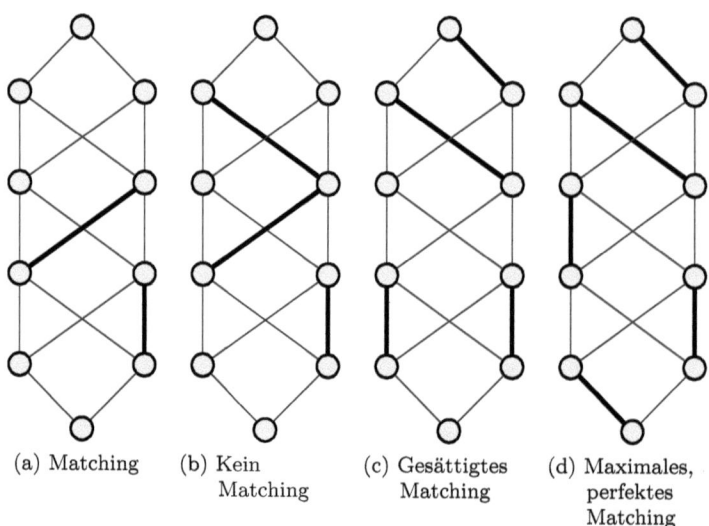

(a) Matching   (b) Kein   (c) Gesättigtes   (d) Maximales,
                Matching   Matching   perfektes
                                                    Matching

Abbildung 4.3: Einige Beispiele zu den Definitionen 4.3 und 4.4

In Beispiel 4.1 suchen wir also ein maximales Matching. Schön wäre natürlich ein perfektes Matching, aber da die Anzahl der Aufträge größer ist als die Anzahl der Techniker, können wir schon sehen, dass es in diesem Beispiel kein perfektes Matching gibt. In Beispiel 4.2 haben wir im Graphen zudem noch Kantengewichte. Auch das wollen wir noch formalisieren.

Definition 4.6 (Gewicht eines Matchings)
Gegeben sei ein gewichteter Graph $G = (V, E, w)$ und ein Matching M auf G. Das Gewicht des Matchings M ist definiert als $z(M) := \sum_{e \in M} w_e$.

Die Fragestellung aus Beispiel 4.1 betrachten wir in Abschnitt 4.1 und die aus Beispiel 4.2 in Abschnitt 4.2. Dabei unterscheiden wir jeweils, ob wir einen bipartiten oder einen allgemeinen Graphen vorliegen haben.

4.1 Maximale Matchings

Optimierungsproblem 6 (Maximales Matching):

Eingabe-parameter:	Ungerichteter Graph $G = (V, E)$
Entscheidungs-optionen:	Eine Teilmenge M der Kantenmenge E des Graphen G
Restriktionen:	$M \subseteq E$ muss ein Matching des Graphen sein.
Zielfunktion:	Die Anzahl der Kanten in M soll maximiert werden.

Die Bestimmung maximaler Matchings ist eng mit dem Begriff „vergrößernder Weg" verbunden.

Definition 4.7 (Vergrößernder Weg)
Sei M ein Matching in einem ungerichteten Graphen $G = (V, E)$. Ein Weg $W = (s, \dots, t)$ heißt vergrößernder Weg, falls er jede der folgenden drei Eigenschaften erfüllt:

1. s und t sind keine Endpunkte von Kanten des Matchings M.

2. *Der Weg W durchläuft abwechselnd eine Nicht-Matchingkante, eine Matchingkante usw.*

3. *Der Weg W ist kreisfrei (d.h. jeder Knoten kommt maximal einmal vor).*

Beachten Sie, dass im Fall $M = \emptyset$ jedes Knotenpaar, das über eine Kante verbunden ist, einen vergrößernden Weg definiert.

Bemerkung 4.8:
Der Begriff „vergrößernder Weg" wird im Englischen mit „augmented path" bezeichnet. Womöglich erinnern Sie sich, dass wir auf Seite 59 das Augmented Path Theorem von Ford und Fulkerson erläutert haben. In einem Netzwerk lässt sich ein Weg von s nach t auch als „augmented path" bezeichnen, und tatsächlich besteht zwischen den Konzepten eine große Ähnlichkeit.

Wir überlegen uns anhand des folgenden Beispiels, wie vergrößernde Wege und maximale Matchings miteinander zusammenhängen.

Beispiel 4.9
Wir betrachten das in Abbildung 4.4 gezeigte Matching für den Graphen aus Abbildung 4.1. Das in der Abbildung dargestellte Mat-

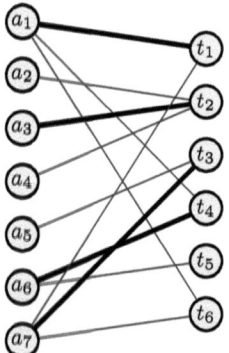

Abbildung 4.4: Ein Matching

ching ist gesättigt, was wir daran erkennen können, dass jede Nicht-Matchingkante mindestens einen Endpunkt hat, der bereits eine Matchingkante berührt. Wir können die Anzahl der Matchingkanten also nicht erhöhen, ohne vorher Kanten aus dem Matching zu entfernen. Ein vergrößernder Weg ist z.B. (t_6, a_7, t_3, a_5), oder auch $(t_5, a_6, t_4, a_1, t_1, a_7, t_3, a_5)$. Die Anzahl der Matchingkanten kann unter Zuhilfenahme eines dieser vergrößernden Wege erhöht werden. Alle Kanten auf dem vergrößernden Weg, die nicht zum Matching gehören, werden dem Matching hinzugefügt, und alle Kanten, die zum Matching gehören, werden aus dem Matching entfernt. Wir erhalten bei den beiden angegebenen vergrößernden Wegen die in Abbildung 4.5 dargestellten Matchings.

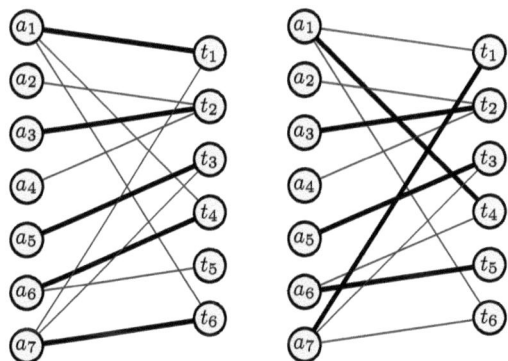

Abbildung 4.5: Matchings nach Vergrößerung unter Verwendung der vergrößernden Wege

Tatsächlich können wir mit jedem vergrößernden Weg die Anzahl der Matchingkanten erhöhen. Aber nicht nur das, denn ein vergrößernder Weg ist nicht nur hinreichend für eine Erhöhung der Anzahl der Matchingkanten, er ist auch notwendig, wie der folgende Satz zeigt:

Satz 4.10 (Lemma von Berge)
Gegeben sei ein Graph G mit einem Matching M. M ist genau dann maximal, wenn es in G keinen vergrößernden Weg gibt.

BEWEIS: Da wir wieder ein „genau dann" haben, müssen wir wieder
zwei Behauptungen beweisen. Beginnen wir mit dem leichten Fall,
nämlich mit der Behauptung „M ist maximal, dann gibt es keinen
vergrößernden Weg". Wir nutzen wieder den Umkehrschluss, zeigen
also, dass dann wenn es einen vergrößernden Weg gibt, M nicht
maximal ist. Wenn wir in M einen vergrößernden Weg haben, dann
können wir das Matching zu einem Matching M' abwandeln, in dem
jede Kante des Weges, die Teil von M ist, nicht in M' vorkommt.
Jede andere Kante des Weges kommt jedoch in M' vor. Dadurch
ist, laut der Definition eines vergrößernden Weges, M' ebenfalls ein
Matching, und es hat eine Kante mehr als M. M ist somit kein
maximales Matching.

Auch bei der zweiten zu zeigenden Behauptung (wenn es keinen
vergrößernden Weg gibt, dann ist M maximal) nutzen wir den Umkehrschluss. Wir nehmen also an, dass M nicht maximal ist und
zeigen, dass es dann einen vergrößernden Weg geben muss. Wenn
M nicht maximal ist, dann muss es ein anderes Matching M' geben,
das mehr Kanten hat als M, also $|M'| > |M|$. Betrachten wir nun
einen Graphen $G' = (V, M \cup M')$. Da jeder Knoten aus V Endpunkt
maximal einer Kante aus M und maximal einer Kante aus M' ist,
ist jeder Knoten auch nur Endpunkt von maximal zwei Kanten in
G'. Teilen wir nun die Knotenmenge in ihre Zusammenhangskomponenten auf (das bedeutet, dass wir die Knotenmenge in disjunkte
Teilmengen aufteilen, so dass jede Teilmenge einen zusammenhängenden Graphen darstellt und dass es keine Kante zwischen zwei
unterschiedlichen Teilmengen gibt). Dann gibt es (bis zu) drei Arten
von Zusammenhangskomponenten. Erstens kann es einzelne Knoten
geben, die in G' keine Kante berühren. Zweitens kann es Zusammenhangskomponenten geben, die einen Kreis darstellen. Drittens kann
es Zusammenhangskomponenten geben, die einen Weg darstellen, der
kein Kreis ist. Es ist zu beachten, dass in den Zusammenhangskomponenten die gesamte Kantenmenge $M \cup M'$ enthalten ist und damit
auch ausschließlich in der zweiten und dritten Art der Zusammenhangskomponenten (denn die erste enthält ja gar keine Kanten). Bei
jedem dieser Wege müssen sich Kanten aus M und M' abwechseln
(sonst wären sie keine Matchings). Bei der zweiten Art der Zusammen-

hangskomponenten, also bei den Kreisen, sind also immer genauso viele Kanten aus M wie aus M' enthalten. Da aber $|M'| > |M|$ gilt, muss es also mindestens einen Weg geben, der kein Kreis ist und der eine Kante mehr aus M' enthält als aus M. Dieser Weg stellt dann aber für M einen vergrößernden Weg dar. $\square$

Der Satz wurde bereits 1957 von Claude Berge (1926–2002), einem französischen Mathematiker, veröffentlicht (Berge (1957)). Er nützt uns insofern, als wir uns zur Lösung des Problems des maximalen Matching auf die Suche nach vergrößernden Wegen beschränken können. Solange wir einen vergrößernden Weg finden, vergrößern wir unser Matching. Gibt es keinen (mehr), haben wir das maximale Matching gefunden. Die Suche nach vergrößernden Wegen gestaltet sich für bipartite Graphen etwas leichter als für allgemeine Graphen, so dass wir zunächst mit bipartiten Graphen beginnen.

4.1.1 Maximale Matchings in bipartiten Graphen

Da wir uns in diesem Abschnitt auf bipartite Graphen beschränken, können wir uns eine wichtige Eigenschaft von vergrößernden Wegen zunutze machen:

Bemerkung 4.11:
1. Da jeder vergrößernde Weg $W = (s, \ldots, t)$ genau eine Nicht-Matchingkante mehr hat als er Matchingkanten hat, ist die Anzahl der Kanten in jedem vergrößernden Weg ungerade. Daher können s und t nicht der gleichen Partition V_1 oder V_2 angehören, und es reicht aus, sich bei der Suche nach Anfangsknoten von vergrößernden Wegen auf die Knoten einer Menge (am besten der Menge mit weniger Knoten) zu beschränken. In Algorithmus 8 nehmen wir daher ohne Beschränkung der Allgemeinheit an, dass V_1 nicht mehr Elemente enthält als V_2.

2. Ausgehend von allen potentiellen Anfangsknoten, also allen Knoten aus V_1, die nicht Endpunkt einer Matchingkante sind,

können durch „Hinzufügen" von Kanten sämtliche Wege gebildet werden, die stets die Eigenschaften 2 und 3 der Definition 4.7 erfüllen. Sollte bei mindestens einem dieser Wege auch die Eigenschaft 1 erfüllt sein, gibt es einen vergrößernden Weg.

3. Die potentiellen vergrößernden Wege notieren wir in einem Hilfsgraphen, dem wir sukzessive Knoten und Kanten hinzufügen. Jeder Knoten und jede Kante kann dabei aber pro Iteration maximal für einen vergrößernden Weg eingeplant werden. Dadurch können wir in jeder Iteration womöglich gleich mehrere vergrößernde Wege finden.

Der zugehörige Algorithmus, den wir nun kennenlernen wollen, wurde von den beiden amerikanischen Informatikern John Hopcroft (*1939) und Richard M. Karp (*1935) entwickelt (Hopcroft and Karp (1973)). Zeitgleich hatte der russische Mathematiker Alexander V. Karzanov (*1947) die gleiche Idee, ohne dass sich sein Name im Algorithmus manifestiert hätte (Karzanov (1973)).

Algorithmus 8:

Name:	Algorithmus von Hopcroft und Karp	
Typ:	Exaktes Verfahren	Laufzeit: $O(n^{\frac{5}{2}})$
Eingabe:	Ungerichteter, bipartiter Graph $G = (V_1 \cup V_2, E)$ mit $|V_1| \leq |V_2|$, ein Matching M	
Ausgabe:	Maximales Matching M	

1. Initialisierung:

- $S \subseteq V_1$ sei die Menge der Knoten aus V_1, die nicht Endpunkt einer Matchingkante sind.

- Sei $G' = (V', E')$ ein Hilfsgraph mit $V' = S$ und $E' = \emptyset$.

- Sei $A = \emptyset$ eine Menge von vergrößernden Wegen und $S' = \emptyset$ eine Menge von Knoten, die potentiell zu vergrößernden Wegen erweitert werden können.

2. Stoppkriterium:

- Wenn $A \neq \emptyset$, dann erweitere M mit allen vergrößernden Wegen aus A und gehe zu Schritt 1.
- Wenn $S = \emptyset$ und $S' = \emptyset$, so ist M maximal. Stoppe.
- Wenn $S = \emptyset$, so setze $S = S'$ und $S' = \emptyset$.
- Führe für jeden Knoten $u \in S$ Schritt 3 aus und setze anschließend $S = S \backslash \{u\}$.

3. Kanten mit u als Endknoten:

- Gibt es ein $a \in A$, so dass die Distanz $d_{G'}(a, u) < \infty$, dann beende Schritt 3 für das aktuelle u.
- Für jede Kante (u, v) mit $v \notin V'$ führe entweder Schritt 3.1 aus (wenn v kein Endknoten einer Matchingkante ist) oder Schritt 3.2 (wenn v Endknoten einer Matchingkante ist).

    3.1 v ist kein Endknoten einer Matchingkante:
    Setze $V' = V' \cup \{v\}$ und $E' = E' \cup (u, v)$. In G' gibt es, ausgehend von v, einen (eindeutigen) vergrößernden Weg. Füge diesen zu A hinzu.
    Beende Schritt 3 für das aktuelle u.

    3.2 v ist Endknoten einer Matchingkante:
    Sei v' der Knoten, mit dem v über eine Matchingkante verbunden ist. Setze $V' = V' \cup \{v, v'\}$ und $E' = E' \cup \{(u, v), (v, v')\}$ und $S' = S' \cup \{v'\}$.

4. Iteration:

- Gehe zu Schritt 2.

In der Menge S betrachten wir stets die Knoten aus V_1, die in unserem Hilfsgraphen erweitert werden können, um einen potentiellen vergrößernden Weg zu finden. Das sind zu Beginn die Startknoten eines vergrößernden Weges und anschließend Knoten, die über einen Weg mit einem Startknoten verbunden sind, der abwechselnd Nicht-Matchingkanten und Matchingkanten enthält. Sobald ein Knoten aus S mit einem Knoten aus V_2 verbunden ist, der nicht Endpunkt einer

Matchingkante ist, haben wir einen vergrößernden Weg gefunden. Womöglich ist aber ein Knoten aus S über eine Nicht-Matchingkante mit einem Knoten aus V_2 verbunden, der Endpunkt einer Matchingkante ist (die Kanten sind in Schritt 3.2 mit (u, v) und (v, v') bezeichnet). Ist dieser Knoten v noch nicht Teil unseres Hilfsgraphen, so fügen wir beide Knoten (v und v') und Kanten unserem Hilfsgraphen hinzu. Zudem nehmen wir Knoten v' in unsere Menge S auf, denn wir haben dann eine Erweiterung des potentiellen vergrößernden Weges um zwei Kanten gefunden. Jeder Knoten des Graphen soll dabei aber nur einmal bei der Ermittlung vergrößernder Wege berücksichtigt werden.

Bemerkung 4.12:

1. Dadurch, dass in Schritt 3 nur ein Knoten v gewählt wird, der noch nicht im Hilfsgraphen vorhanden sind, kann er in der Menge A nur in maximal einem vergrößernden Weg vorkommen. Dadurch kann auch kein weiterer Knoten doppelt in A vorkommen (denn v ist eindeutig über eine Matchingkante mit v' verbunden, so dass dieser Knoten auch nur einmal vorkommen kann). Es ist daher möglich, gleich mehrere vergrößernde Wege in Schritt 2 anzuwenden.

2. Die Einschränkung, dass jeder Knoten nur in einem möglichen vergrößernden Weg vorkommt, ist nicht schädlich bei der Suche nach vergrößernden Wegen. Einen anschaulichen Beweis, dass der Algorithmus von Hopcroft und Karp tatsächlich einen vergrößernden Weg findet, wenn es einen gibt, liefert Briskorn (2023) im Theorem 6.7 (Seite 478).

3. Wird der Algorithmus von Hopcroft und Karp von Hand gerechnet, bietet es sich an, den Hilfsgraphen zu zeichnen. Zu Beginn stehen dort nur die Knoten aus V_1, die keine Matchingkante berühren (Startknoten). Wenn in Schritt 3 die zu ergänzenden Kanten und Knoten immer nach rechts angefügt werden, dann entspricht die Menge S zu Beginn des dritten Schrittes immer den ganz rechts liegenden Knoten. Dadurch muss dann auch die Menge S' nicht explizit notiert werden.

Aufgabe 17 (Lösung auf Seite 125):
Wenden Sie den Algorithmus von Hopcroft und Karp an, um im Graphen aus Abbildung 4.6 ein maximales Matching zu finden. Starten Sie mit dem leeren Matching $M = \emptyset$.

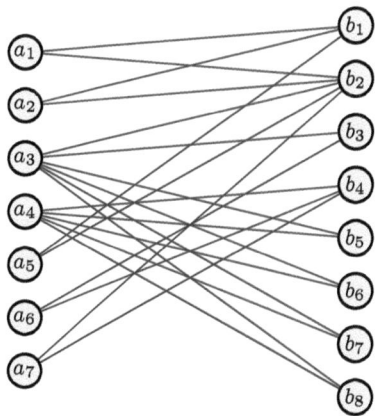

Abbildung 4.6: Beispiel zum Algorithmus von Hopcroft und Karp

Wie bereits erwähnt, gibt es zwischen vergrößernden Wegen bei Matchings und augmented paths bei Flussproblemen Ähnlichkeiten. Bei maximalen Matchings in bipartiten Graphen können wir diese Ähnlichkeit besonders gut ausnutzen, so dass wir maximale Matchings in bipartiten Graphen sogar mit Verfahren zur Lösung des Maximalflussproblems bestimmen können. Dazu wollen wir zunächst den bipartiten Graphen in ein Netzwerk umwandeln (wir definieren dabei auch bereits Kosten, die wir erst zu einem späteren Zeitpunkt benötigen).

Definition 4.13 (Netzwerk eines bipartiten Graphen)
Gegeben sei ein (gewichteter oder ungewichteter) bipartiter Graph $G = (V_1 \cup V_2, E, w)$. Wir definieren

- $V' = \{s, t\} \cup V_1 \cup V_2$ *(Knotenmenge von G, ergänzt um Quelle und Senke)*

- $E'_1 = \{(s,v)|v \in V_1\}$ *(gerichtete Kanten von der Quelle zu allen Knoten in V_1)*

- $E'_2 = \{(v,t)|v \in V_2\}$ *(gerichtete Kanten von allen Knoten in V_2 zur Senke)*

- $E'_3 = \{(u,v)|u \in V_1, v \in V_2, (u,v) \in E\}$ *(gerichtete Kanten des bipartiten Graphen)*

- $E' = E'_1 \cup E'_2 \cup E'_3$

- $w'_e = 1$ *für alle $e \in E'$ (alle Kanten mit Kantengewicht 1)*

- $c'_e = 0$ *für alle $e \in E'_1 \cup E'_2$ (Kosten von 0 auf Kanten von der Quelle oder zur Senke)*

- $c'_e = w_e$ *für alle $e \in E'_3$*

Dann heißt $(G',(w',c'),s,t)$ mit $G' = (V',E')$ das Netzwerk zu G.

Ein Beispiel für ein Netzwerk zu einem bipartiten Graphen sehen Sie in Abbildung 4.7.

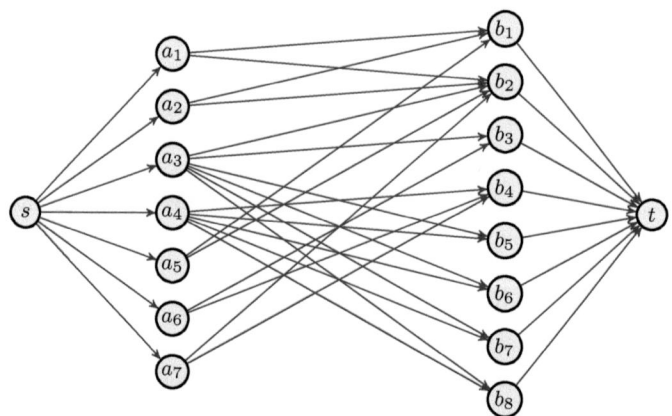

Abbildung 4.7: Netzwerk zu dem Graphen aus Abbildung 4.6 ohne die Kantengewichte (alle Kantengewichte gleich 1)

Satz 4.14

Gegeben sei eine Instanz des Problems „Maximales Matching" mit einem bipartiten Graphen $G = (V_1 \cup V_2, E)$. Weiter sei f ein ganzzahliger Fluss auf dem Netzwerk zu Graph G. Dann ist $M := \{e \in E | f(e) > 0\}$ ein Matching auf G, und es gilt $F(f) = |M|$. Hat f maximale Stärke, so ist M ein maximales Matching.

BEWEIS: Da die Kapazität auf jeder Kante 1 ist und der Fluss ganzzahlig ist, ist der Fluss auf jeder Kante entweder 0 oder 1. Jeder Knoten in V_1 hat nur eine eingehende Kante, so dass es von jedem Knoten in V_1 auch nur eine ausgehende Kante mit positivem Fluss geben kann. Analog kann es nur eine eingehende Kante in einen Knoten aus V_2 geben, die einen positiven Fluss hat. Daraus folgt einerseits, dass M laut Definition (E entspricht der Menge E_3') ein Matching ist. Andererseits lassen sich Kanten mit positivem Fluss in aus drei Kanten bestehende Wege von s nach t aufteilen. Da jeder Knoten aus V_1 und V_2 in maximal einem dieser Wege enthalten ist, entspricht auch $F(f) = |M|$.

Da wir jedes Matching M in G zu einem Fluss auf dem Netzwerk zu G erweitern können, muss M ein maximales Matching sein, wenn der zugehörige Fluss maximale Stärke hat. $\square$

Zunächst sei erwähnt, dass die Beschränkung auf ganzzahlige Flüsse in Satz 4.14 keine praktische Einschränkung bedeutet. Da die Kantengewichte alle 1 entsprechen, liefert sowohl das Verfahren von Ford und Fulkerson also auch das Preflow-Push-Verfahren stets ganzzahlige Flüsse. Aus Satz 4.14 können wir dadurch schließen, dass ein maximaler Fluss, der durch eines dieser Verfahren erzeugt wurde, uns auch direkt ein maximales Matching liefert.

Bemerkung 4.15:

1. Wird zur Bestimmung eines maximalen Matchings in G auf dem zu gehörigen Netzwerk (G', w', s, t) der Ford-Fulkerson-Algorithmus angewendet, dann entspricht jeder Weg von s nach t im Residualgraphen des Netzwerks einem vergrößernden Weg in G.

2. Der Algorithmus von Ford und Fulkerson erhöht den Fluss
   (und damit die Anzahl der Matchingkanten) stets nur um den
   Wert 1. Daher ist der Algorithmus von Hopcroft und Karp in
   der Regel deutlich schneller, da dieser mehrere vergrößernde
   Wege parallel ermitteln kann.

4.1.2 Maximale Matchings in beliebigen Graphen

Auch in beliebigen Graphen können wir zur Bestimmung eines maximalen Matchings wieder vergrößernde Wege suchen. Sobald wir
einen gefunden haben, vergrößern wir das Matching und wenn wir
feststellen, dass es keinen vergrößernden Weg gibt, haben wir das
maximale Matching gefunden. Um vergrößernde Wege zu finden,
nutzen wir ebenfalls wieder einen Hilfsgraphen, in dem wir potentiell vergrößernde Wege sukzessive erstellen. Allerdings gestaltet sich
dies in beliebigen Graphen etwas schwieriger. Bei einem bipartiten
Graphen haben, wie Sie sich leicht denken können, alle Kreise auch
eine gerade Anzahl an Kanten. Diese Kreise mit gerader Anzahl an
Kanten können wir bei der Suche nach vergrößernden Wegen unberücksichtigt lassen, denn sie können nicht zu einem vergrößernden
Weg führen, da ja genau die Hälfte der Kanten Matchingkanten sind.
In beliebigen Graphen können allerdings Kreise mit einer ungeraden
Anzahl an Kanten entstehen, was (zunächst) zu Schwierigkeiten führt,
wie wir in folgendem Beispiel sehen können.

Beispiel 4.16
Betrachten wir den Beispielgraph mit zugehörigem Matching aus
Abbildung 4.8. Ausgehend von Knoten 1 könnte eine Suche nach
einem vergrößernden Weg die Knotenfolge $(1, 2, 3, 4, 5, 6, 7, 3)$ liefern.
Dieser Kreis stellt natürlich keinen vergrößernden Weg dar. Wir können ihn aber auch nicht unberücksichtigt lassen, denn $(1, 2, 3, 4, 5, 9)$
und $(1, 2, 3, 4, 5, 6, 7, 11)$ sind vergrößernde Wege. Zudem ist es auch
wichtig, in welche Richtung wir in den Kreis gehen (also von der 3 zur
4 oder zur 7?). Gäbe es die Knoten 9 und 11 nicht, so gäbe es beim
Durchlaufen dieses Kreises im Uhrzeigersinn keinen vergrößernden

Weg. Tatsächlich gibt es aber die vergrößernden Wege $(1, 2, 3, 7, 6, 10)$ und $(1, 2, 3, 7, 6, 5, 4, 8)$.

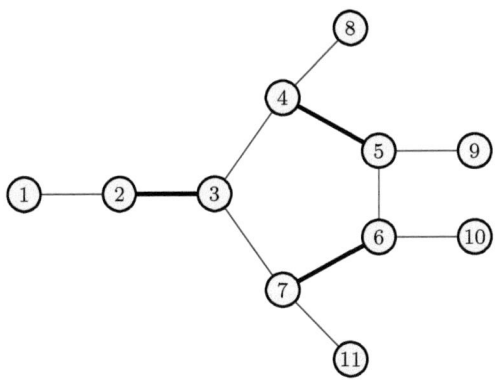

Abbildung 4.8: Ein Graph, der eine Blume, bestehend aus einem Stängel und einer Blüte, enthält

Nun könnte man argumentieren, dass wir dann, ausgehend von einem Knoten, der keine Matchingkante berührt, einfach alle möglichen Wege notieren und dabei dann auch Doppelungen von Knoten und Kanten im Hilfsgraphen zulassen. Das ist zwar theoretisch möglich, würde aber einen enormen Rechenaufwand bedeuten. Zum Glück gibt es aber einen Trick, wie man mit derartigen Kreisen umgehen kann. Dazu wollen wir diese aber zunächst definieren und ihnen einen schönen Namen geben.

Definition 4.17 (Blume, Blüte und Stängel)
Sei M ein Matching in einem ungerichteten Graphen $G = (V, E)$. Ein Kantenzug $(s, \dots, s)$ (mit mehr als nur einem Knoten) heißt Blume, falls er jede der folgenden zwei Eigenschaften erfüllt:

1. s ist kein Endpunkt von einer Kante des Matchings M.

2. Der Kantenzug hat abwechselnd eine Nicht-Matchingkante, eine Matchingkante usw.

Jede Blume enthält einen Kreis ungerader Länge. Dieser wird als Blüte *bezeichnet. Knoten, die nicht Teil des Kreises sind, werden als* Stängel *bezeichnet.*

Bemerkung 4.18:

1. Die Definition der Blüte unterscheidet sich nur in zwei Punkten von der eines vergrößernden Weges. Knoten dürfen mehrfach vorkommen („Kantenzug" statt „Weg"), und eine Blüte darf einen Kreis enthalten.

2. Jede Blume hat auch eine Blüte, aber ein Stängel muss nicht vorhanden sein.

3. Jede Blüte hat eine Nicht-Matchingkante mehr als Matchingkanten.

4. Der Knoten der Blüte, der auch Endknoten der beiden Nicht-Matchingkanten ist, ist über eine Matchingkante mit dem Stängel (sofern vorhanden) verbunden.

5. In Abbildung 4.8 ist $(1, 2, 3, 4, 5, 6, 7, 3, 2, 1)$ eine Blume mit der Blüte $(3, 4, 5, 6, 7, 3)$ und dem Stängel $\{1, 2\}$. Wäre die Kante $(2, 3)$ keine Matchingkante, dann wäre $(3, 4, 5, 6, 7, 3)$ eine Blume ohne Stängel.

Der kanadische Mathematiker Jack Edmonds (*1934) ist auf eine überraschende Idee gekommen, wie wir mit derartigen Blüten umgehen können, wenn wir ein maximales Matching finden wollen (Edmonds (1965b)). Dazu soll die Blume zunächst geschrumpft werden. Vielleicht ist Ihnen aufgefallen, dass wir Jack Edmonds schon in Bemerkung 3.5 auf Seite 62 erwähnt haben. Und sein Name wird uns noch mehrfach begegnen.

Definition 4.19 (geschrumpfter Graph)

Gegeben sei ein ungerichteter Graph $G = (V, E)$ mit einem Matching M und einer Blüte B. Der Graph $G' = (V', E')$ entstehe dadurch, dass in G alle Knoten aus B zu einem Knoten b zusammengefasst werden, alle Kanten mit zwei Endknoten in B verschwinden und alle Kanten mit einem Endknoten in B nun zu b führen. G' *heißt* geschrumpfter Graph *von G, M und B. Formal gilt*

- $V' := (V \backslash B) \cup \{b\}$
- $E'_1 := \{(u,v) | u, v \in V \backslash \{B\}, (u,v) \in E\}$
- $E'_2 := \{(u,b) | u \in V \backslash \{B\}, \exists v \in B : (u,v) \in E\}$
- $E' := E'_1 \cup E'_2$

Bemerkung 4.20:

1. Das Matching in M in G lässt sich auch zu einem Matching M' auf dem geschrumpften Graphen G' übertragen, wobei Matchingkanten in der Blüte natürlich verschwinden.

2. Abbildung 4.9 zeigt den geschrumpften Graphen, der aus Abbildung 4.8 hervorgeht.

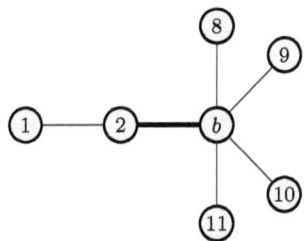

Abbildung 4.9: Geschrumpfter Graph zu dem Graphen, dem Matching und der Blüte aus Abbildung 4.8

Das Besondere an einem geschrumpften Graphen ist, dass wir diesen nutzen können, um vergrößernde Wege in unserem ursprünglichen Graphen zu finden. Das notieren wir als Satz.

Satz 4.21 (Satz von Edmonds)
Sei $G = (V, E)$ ein ungerichteter Graph mit einem Matching M und einer Blüte B. Es gibt genau dann einen vergrößernden Weg in diesem Graphen, wenn es einen vergrößernden Weg im geschrumpften Graphen G' mit dem zu M zugehörigen Matching M' gibt.

BEWEIS: Für den Beweis sei entweder auf den Originalartikel von Edmonds (1965b) oder auf das Lehrbuch von Briskorn (2023), Theorem 6.9 auf S. 499 verwiesen. □

Wenn wir also auf der Suche nach einem vergrößernden Weg auf eine Blume stoßen, nutzen wir die Blüte der Blume, um unseren Graphen zu schrumpfen. Finden wir im geschrumpften Graphen dann einen vergrößernden Weg, so können wir diesen auf unseren ursprünglichen Graphen übertragen. Das können wir gut an den Abbildungen 4.8 und 4.9 erkennen. In dem geschrumpften Graphen kann jeder der Knoten 8, 9, 10 und 11 Anfangsknoten eines vergrößernden Weges sein (der dann in 1 endet). Je nachdem welchen dieser Knoten wir wählen, muss dann die Blüte im Originalgraphen entweder in die eine oder andere Richtung durchlaufen werden (siehe die in Beispiel 4.16 genannten vergrößernden Wege). Es kann natürlich auch passieren, dass wir im geschrumpften Graphen erneut auf eine Blüte treffen. Dann muss der geschrumpfte Graph auch erneut geschrumpft werden.

Sonst ist unser Vorgehen ähnlich wie in bipartiten Graphen. Anders als im Algorithmus von Hopcroft und Karp versuchen wir aber nicht, gleichzeitig mehrere vergrößernde Wege zu finden, sondern begnügen uns mit dem jeweiligen Finden nur eines vergrößernden Weges.

Algorithmus 9:

Name:	Blütenalgorithmus von Edmonds	
Typ:	Exaktes Verfahren	Laufzeit: $O(n^4)$
Eingabe:	Ungerichteter Graph $G = (V, E)$, ein Matching M	
Ausgabe:	Maximales Matching M	

1. Initialisierung:

- $S \subseteq V$ sei die Menge der Knoten aus V, die nicht Endpunkt einer Matchingkante sind.

- Sei $G' = (V', E')$ ein Hilfsgraph mit $V' = S$ und $E' = \emptyset$, in dem alle Knoten nicht markiert sind.

- Für jeden Knoten $u \in V'$ sei $\rho(u) := u$. $\rho(u)$ beschreibt den zu u gehörigen Wurzelknoten.

2. Stoppkriterium:

- Sei $u \in V'$ ein unmarkierter Knoten, bei dem $d_{G'}(\rho(u), u)$ eine gerade Zahl ist. Gibt es keinen derartigen Knoten, dann stoppe (M ist maximal).

3. Kanten mit u als Endknoten:

- Für jede Kante $(u,v) \in E$ (Kante im ursprünglichen Graphen) führe entweder Schritt 3.1 aus (wenn $v \in V'$, also wenn v im Hilfsgraphen ist) oder Schritt 3.2 (wenn $v \notin V'$, also wenn v nicht im Hilfsgraphen ist).

3.1 $v \in V'$:

- Wenn $d_{G'}(\rho(v), v)$ ungerade ist, beende für diese Kante (u,v) den Schritt 3.

- Füge (u,v) zum Hilfsgraphen hinzu.

- Wenn $\rho(v) \neq \rho(u)$, dann ist der im Hilfsgraph eindeutige Weg $(\rho(u), \ldots, u, v, \ldots, \rho(v))$ ein vergrößernder Weg. Erweitere das Matching M, gehe zu Schritt 1.

- Wenn $\rho(v) = \rho(u)$, dann enthält der Hilfsgraph, ausgehend von $\rho(v)$, eine Blume. Bestimme in dem Graphen, der durch Kontraktion der Blüte erstellt wurde, ein maximales Matching (das kann durch diesen Algorithmus bestimmt werden). Wende das gefundene Matching im geschrumpften Graphen auf den aktuellen Graphen an.

  - Wurde im geschrumpften Graphen ein vergrößernder Weg gefunden, gehe zu Schritt 1.

  - Sonst stoppe (M ist maximal).

3.2 $v \notin V'$:

- Es gibt eine Kante $(v,v') \in M$ (sonst wäre $v \in V'$). Füge die Knoten v und v' und die Kanten (u,v) und (v,v') zum Hilfsgraphen hinzu.

- Setze $\rho(v) := \rho(v') := \rho(u)$.

- Markiere u.

4. Iteration:

- Gehe zu Schritt 2.

Aufgabe 18 (Lösung auf Seite 130):
Wenden Sie den Blütenalgorithmus auf den Graphen aus Abbildung 4.10 mit dem leeren Matching $M := \emptyset$ an. Wählen Sie dabei in Schritt 2 und 3 unter allen verfügbaren Knoten $u, v \in V'$ jeweils diejenigen mit dem kleinsten Index.

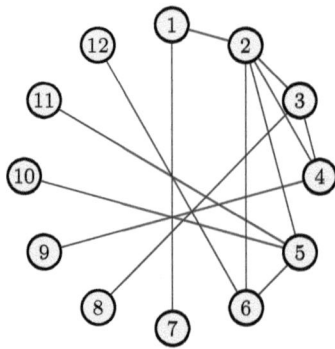

Abbildung 4.10: Graph zu Aufgabe 18

4.2 Matchings minimalen Gewichts

Wie zu Beginn dieses Kapitels beschrieben, ist es häufig sinnvoll, gewichtete Graphen zu betrachten und Matchings zu suchen, deren Gewicht möglichst klein ist. Insbesondere wollen wir nun also die Fragestellung aus Beispiel 4.2 auf Seite 77 formalisieren.

Optimierungsproblem 7 (minimal gewichtetes, max. Matching):

Eingabe-parameter:	Ungerichteter, gewichteter Graph $G = (V, E, w)$
Entscheidungs-optionen:	Eine Teilmenge M der Kantenmenge E des Graphen G

| **Restriktionen:** | $M \subseteq E$ muss ein maximales Matching des Graphen sein. |
| **Zielfunktion:** | Die Summe der Kantengewichte in M soll minimiert werden. |

Bemerkung 4.22:

1. Wir beschränken uns bei Problem 7 auf Eingabegraphen, die entweder vollständig sind und eine gerade Knotenzahl haben ($G = K_n$ mit n gerade) oder vollständig bipartit sind mit gleich großer Knotenmenge in jeder Partition ($G = K_{n,n}$). In dem Fall ist ein maximales Matching auch immer ein perfektes Matching.

2. Im Falle eines vollständig bipartiten Eingabegraphen wird das Optimierungsproblem 7 auch *Zuordnungsproblem* genannt.

Wie im vorherigen Kapitel, als wir maximale Matchings gesucht haben, unterscheiden wir wieder den bipartiten (und damit deutlich einfacheren) Fall vom allgemeinen Fall. Beginnen wir mit dem bipartiten Fall, also mit dem Zuordnungsproblem.

4.2.1 Das Zuordnungsproblem

Zur Lösung des Zuordnungsproblems benötigen wir zunächst die Begriffe *Markierung* und *Gleichheitsmatching*. Diese haben auf den ersten Blick wenig mit der eigentlichen Fragestellung zu tun. Insbesondere benötigen wir zunächst eine Gewichtung der Knoten (die Markierung), deren Nutzen uns erst später klar wird.

Definition 4.23 (Markierung)
Gegeben sei ein ungerichteter, gewichteter Graph $G = (V, E, w)$. Eine Funktion $l : V \to \mathbb{R}$, die jedem Knoten eine reelle Zahl zuordnet, heißt Markierung des Graphen, wenn für jede Kante $(u, v) \in E$ die Gleichung $l(u) + l(v) \leq w_{(u,v)}$ erfüllt ist.

Eine Markierung für einen Graphen zu finden ist offensichtlich nicht sehr schwierig. Es können ja auch beliebig kleine Werte genommen

werden. Wenn der Graph zum Beispiel nicht negativ gewichtet ist,
so erhalten wir eine Markierung, indem wir jedem Knoten die Null
zuordnen. Ist der Graph negativ gewichtet, erhalten wir eine Markierung, indem wir jedem Knoten das kleinste Gewicht aller Kanten
zuordnen.

Definition 4.24 (Gleichheitsmatching)

*Gegeben sei ein ungerichteter, gewichteter Graph $G = (V, E, w)$ mit
einer Markierung l und einem Matching M. Das Matching M heißt
Gleichheitsmatching, wenn für alle Matchingkanten $(u, v) \in M$ die
Gleichung $l(u) + l(v) = w_{(u,v)}$ erfüllt ist.*

Auch ein Gleichheitsmatching findet sich leicht, denn das leere Matching ist stets auch ein Gleichheitsmatching. Das Besondere ist nun,
dass wir uns bei der Suche nach einem minimal gewichteten perfekten
Matching auf die Suche nach einem perfekten Gleichheitsmatching
beschränken können. Das ist die Aussage des folgenden Satzes, der
von dem amerikanischen Mathematiker James R. Munkres (*1930)
stammt (Munkres (1957)) und auf einer Arbeit von Kuhn (1955)
aufbaut, auf die wir gleich noch zu sprechen kommen.

Satz 4.25 (Kuhn-Munkres-Theorem)

*Gegeben sei ein ungerichteter, gewichteter Graph $G = (V, E, w)$ mit
einer Markierung l und einem Gleichheitsmatching M. Wenn M ein
perfektes Matching ist, dann ist M auch ein minimal gewichtetes,
perfektes Matching.*

BEWEIS: Wie zeigen zunächst, dass ein beliebiges perfektes Matching
M' (das also womöglich kein Gleichheitsmatching ist) ein Gewicht
hat, das größer gleich der Summe der Knotenmarkierungen ist:

$$\sum_{(u,v)\in M'} w_{(u,v)} \geq \sum_{(u,v)\in M'} l(u) + l(v) = \sum_{u\in V} l(u)$$

Die linke Ungleichung ergibt sich direkt aus der Definition einer
Markierung. Da jede Kante ein kleineres Gewicht hat als die Summe
der Markierungen ihrer Endknoten, muss das natürlich auch für die

Summe aller Kanten des Matchings gelten. Die rechte Gleichung
ergibt sich dann aus dem Umstand, dass M' ein perfektes Matching
ist. Seine Kanten berühren also jeden Knoten genau einmal. Da diese
Gleichung für jedes perfekte Matching gilt, können wir schließen,
dass die Summe der Knotenmarkierungen eine untere Schranke für
das Gewicht eines minimal gewichteten, perfekten Matchings ist.
Wir werden also kein perfektes Matching finden, das einen besseren
Zielfunktionswert liefert als $\sum_{u \in V} l(u)$.

Wenn wir aber ein perfektes Matching finden, dass diesen Zielfunktionswert liefert, dann ist es auch ein minimal gewichtetes. Das ist für
M der Fall, wie wir leicht feststellen können:

$$\sum_{(u,v) \in M} w_{(u,v)} = \sum_{(u,v) \in M} l(u) + l(v) = \sum_{u \in V} l(u)$$

Hier gilt auf der linken Seite ein Gleichheitszeichen, da wir ja ein
Gleichheitsmatching vorliegen haben.   □

Der Satz hilft uns nun derart, dass wir zur Lösung des Zuordnungsproblems nach einer Markierung des Graphen suchen können, für die
wir ein perfektes Gleichheitsmatching finden. Mit unserem bisherigen
Wissen können wir recht einfach überprüfen, ob es in einem Graphen
ein perfektes Gleichheitsmatching gibt:

Bemerkung 4.26:
Für einen gegebenen Graphen $F = (V, E, w)$ und eine Markierung l
kann leicht ein maximales Gleichheitsmatching bestimmt werden.
Denn bei der gegebenen Markierung l lässt sich für jede Kante separat
überprüfen, ob ihr Kantengewicht den Markierungen der Endpunkte
entspricht. Berücksichtigen wir nur die Kanten, bei denen das der
Fall ist, können wir in diesem Hilfsgraphen mit verringerter Kantenmenge ein maximales Matching bestimmen, das einem maximalen
Gleichheitsmatching entspricht.

Dazu hilft uns die ungarische Methode. Nach heutigem Wissen wurde
diese bereits im Jahre 1890 vom deutschen Mathematiker Carl Gustav

Jacob Jacobi (1804–1851) veröffentlicht (Jacobi (1890)), geriet dann
aber in Vergessenheit. Der amerikanische Mathematiker Harold W.
Kuhn (1925–2014) hat, vermutlich ohne von der Arbeit von Jacobi zu
wissen, die ungarische Methode auch unter diesem Namen veröffentlicht (Kuhn (1955)). Er nannte sie „ungarische Methode", weil er sie
nur dank wichtiger Vorarbeiten der beiden ungarischen Mathematiker
Dénes Kőnig (1884–1944) und Jenő Egerváry (1891–1958) entwickeln
konnte.

Algorithmus 10:

Name:	Ungarische Methode	
Typ:	Exaktes Verfahren	Laufzeit: $O(n^3)$
Eingabe:	Ungerichteter, gewichteter, bipartiter Graph $G = (V_1 \cup V_2, E, w)$ mit $|V_1| = |V_2|$	
Ausgabe:	Minimal gewichtetes, perfektes Matching M	

1. Initialisierung:

- Für jeden Knoten $u \in V_1$ wähle als Markierung $l(u) = \min_{v \in V_2} w_{(u,v)}$ (kleinstes Gewicht einer Kante, die u als End-knoten hat).

- Für jeden Knoten $u \in V_2$ wähle als Markierung $l(u) = 0$.

- Sei $M = \emptyset$ das leere Matching.

2. Stoppkriterium:

- Bestimme vom aktuellen Gleichheitsmatching M und der aktuellen Markierung ausgehend ein maximales Gleich-heitsmatching M' mit dem Algorithmus von Hopcroft und Karp.

- Wenn M' ein perfektes Matching ist, dann $M = M'$ und stoppe.

- Ansonsten wähle im Hilfsgraphen G' (aus dem Algorith-mus von Hopcroft und Karp) einen Knoten $u_1 \in V_1$, der keine Matchingkante berührt. Sei $V' := \{v \in V_1 \cup V_2 | d_{G'}(u_1, v) < \infty\}$ die Menge der Knoten, für die es im Hilfsgraphen G' einen Weg zu u_1 gibt.

3. Änderung der Markierung:

- Sei $S = V_1 \cap V'$ („linke" Knoten der Menge V')

- Sei $T = V_2 \cap V'$ („rechte" Knoten der Menge V')

- Sei $\Delta = \min\limits_{u \in S, v \notin T} \{w_{(u,v)} - l(u) - l(v)\}$

- Für alle $u \in S$ setze $l(u) := l(u) + \Delta$

- Für alle $u \in T$ setze $l(u) := l(u) - \Delta$

4. Iteration:

- Setze $M := M'$.

- Gehe zu Schritt 2.

Bemerkung 4.27:

1. Das im zweiten Schritt bestimmte Gleichheitsmatching ist auch für die in Schritt 3 berechnete neue Markierung ein Gleichheitsmatching. Dadurch kann bei der Bestimmung des maximalen Gleichheitsmatchings in Schritt 2 der Hilfsgraph aus der vorherigen Iteration übernommen werden.

2. Wird statt eines minimal gewichteten, perfekten Matchings ein maximal gewichtetes, perfektes Matching in einem bipartiten Graphen gesucht, so kann dies dadurch erreicht werden, dass die Gewichte aller Kanten des Eingabegraphen mit -1 multipliziert werden.

3. Eine Alternative zur vorherigen Bemerkung ist, dass die ungarische Methode leicht abgewandelt wird, so dass sie maximal gewichtete, perfekte Matchings in bipartiten Graphen bestimmt. Tatsächlich ist es sogar so, dass die ursprüngliche ungarische Methode maximal gewichtete Matchings bestimmt (wir betrachten also hier eine abgewandelte Version). In vielen Lehrbüchern wird die ungarische Methode daher auch zur Lösung eines maximal gewichteten Matchings erklärt. Lassen Sie sich davon nicht

irritieren, falls Sie in anderen Lehrbüchern oder Onlinetutorien nachschauen.

4. Oft wird die ungarische Methode auch in Matrixschreibweise erläutert, was in der Regel aber nur einer anderen Darstellungsweise entspricht.

Aufgabe 19 (Lösung auf Seite 135):
Wenden Sie die ungarische Methode auf das Beispiel 4.2 an.

Als wir in Abschnitt 4.1.1 maximale Matchings in bipartiten Graphen betrachtet haben, konnten wir in Satz 4.14 zeigen, dass sich das Problem auch als Maximalflussproblem modellieren lässt. Tatsächlich funktioniert eine ähnliche Modellierung auch für das Zuordnungsproblem, wie uns der folgende Satz zeigt.

Satz 4.28
Gegeben sei eine Instanz des Problems „Minimal gewichtetes perfektes Matching" mit einem bipartiten Graphen $G = (V_1 \cup V_2, E, w)$ mit $|V_1| = |V_2|$. Weiter sei f ein ganzzahliger Fluss auf dem Netzwerk zu Graph G. Dann ist $M := \{e \in E | f(e) > 0\}$ ein Matching auf G. Ist f ein kostenminimaler Fluss mit $F(f) = |V_1|$, so ist M eine optimale Lösung des Problems.

BEWEIS: Aus Satz 4.14 können wir schließen, dass M ein Matching ist und dass im Fall von $F(f) = |V_1|$ das Matching auch perfekt ist. Es bleibt also nur zu zeigen, dass M auch die geringsten Kosten unter allen perfekten Matchings hat. Das machen wir mit Hilfe des Umkehrschlusses. Wir zeigen also: Ist M nicht die optimale Lösung des Zuordnungsproblems, dann ist f auch kein kostenminimaler Fluss auf dem Netzwerk zu G.

Zunächst sei aber erwähnt, dass die Summe der Kantengewichte von M genau den Kosten des Flusses von f entspricht. Das wird dadurch ersichtlich, dass alle Kanten, die im Netzwerk, aber nicht im Originalgraphen sind, per Definition die Kosten 0 haben. Ansonsten ist aus der Definition von M ersichtlich, dass der Fluss genau auf den Kanten, die auch zum Matching gehören, eine Flussstärke von 1 hat.

Wir nehmen also für den Umkehrschluss an, dass es ein Matching M' gibt, dessen Summe der Kantengewichte kleiner ist als die von M. Dann betrachten wir folgenden Fluss f' auf dem Netzwerk zu Graph G:

$$f'(u,v) = \begin{cases} 1 & \text{wenn } u = s \\ 1 & \text{wenn } v = t \\ 1 & \text{wenn } (u,v) \in M' \\ 0 & \text{sonst} \end{cases}$$

Da M' ein perfektes Matching ist, ist f' offensichtlich auch ein Fluss der Stärke $W(f') = |V_1|$ auf dem Netzwerk zu G. Die Kosten des Flusses f' entsprechen dabei der Summe der Kantengewichte von M'. Da diese aber kleiner ist als die Summe der Kantengewichte von M, was wiederum den Kosten von f entspricht, haben wir gezeigt, dass f kein kostenminimaler Fluss auf dem Netzwerk zu G ist. □

4.2.2 Edmonds' Algorithmus

Zur Bestimmung kostenminimaler Matchings in bipartiten Graphen haben wir in der ungarischen Methode mehrfach auf den Algorithmus von Hopcroft und Karp zur Bestimmung von maximalen Matchings in bipartiten Graphen zurückgegriffen. Es ist daher nicht überraschend, dass wir zur Bestimmung kostenminimaler Matchings in allgemeinen Graphen auch auf die Bestimmung maximaler Matchings in allgemeinen Graphen, also den Blütenalgorithmus, zurückgreifen müssen. Das derartige Verfahren wurde, genau wie der Blütenalgorithmus, von Jack Edmonds entwickelt und heißt daher auch Edmonds' Algorithmus.

Das Verfahren hat für unser Buch leider den Nachteil, dass es auf der Dualitätstheorie aufbaut, die wir hier nicht behandeln. Diese wird erst im Zusammenhang mit der linearen Optimierung in dem Buch bzw. in der Veranstaltung „Methoden des Operations Research" behandelt. Die ungarische Methode basiert zwar auch auf der Dualitätstheorie (wer sich da bereits etwas auskennt, dem sei gesagt, dass die Knotenmarkierungen den Dualvariablen entsprechen), allerdings konnten wir dabei die zugehörige Theorie weitgehend aussparen.

Auch wenn wir im folgenden Kapitel eigentlich Edmonds' Algorithmus benötigen, verzichten wir hier auf eine explizite Darstellung. Stattdessen verweisen wir auf die Originalquelle von Edmonds (1965a), oder, deutlich leichter verständlich, auf das Lehrbuch von Briskorn (2023) ab Seite 509.

5 Briefträgerproblem

In einem *Briefträgerproblem* suchen wir einen geschlossenen Kantenzug, der jede Kante des Graphen mindestens einmal enthält und die
kleinstmögliche Länge hat. Die Bezeichnung dieser Problemstellung
ergibt sich aus der bildlichen Vorstellung eines Briefträgers, der die
Briefe in seinem Bezirk (Graph) in allen Straßen (Kanten) verteilen
muss, dabei eine möglichst kurze Strecke (Länge des Kantenzuges)
zurücklegen möchte und seine Tour morgens in der Poststelle beginnt
und abends ebenda beendet (geschlossener Kantenzug).

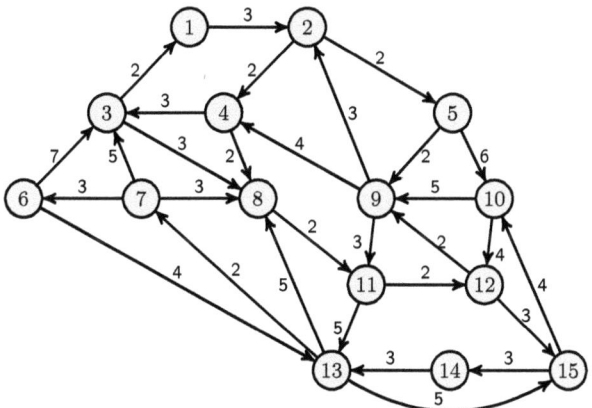

Abbildung 5.1: Briefträgerproblem auf einem gerichteten Graphen,
ausgehend von Knoten 1

Wir unterscheiden dabei, ob ein gerichteter oder ungerichteter Graph
vorliegt. Ein Beispiel für ein Briefträgerproblem auf einem gerichteten

Graphen finden Sie in Abbildung 5.1, und ein Briefträgerproblem auf
einem ungerichteten Graphen steht in Abbildung 5.2.

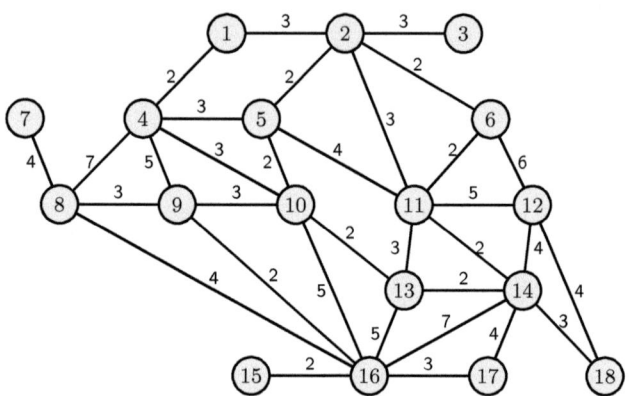

Abbildung 5.2: Briefträgerproblem auf einem ungerichteten Graphen,
ausgehend von 1

Zunächst werden wir eine formale Definition des Briefträgerproblems
notieren, wobei wir bei allen anschließenden Überlegungen zwischen
gerichteten und ungerichteten Graphen unterscheiden. Die Unterschiede sind aber meist recht klein.

Optimierungsproblem 8 (Briefträgerproblem):

Eingabe-parameter:	Gerichteter oder ungerichteter, nicht negativ gewichteter, (stark) zusammenhängender Graph $G = (V, E, w)$
Entscheidungs-optionen:	Ein Kantenzug W des Graphen G
Restriktionen:	W muss ein geschlossener Kantenzug sein. W muss jede Kante aus E enthalten.
Zielfunktion:	Die Länge von W soll minimiert werden.

Der Zielfunktionswert kann natürlich niemals kleiner sein als die
Summe aller Kantengewichte, denn jede Kante muss ja mindestens

einmal in W enthalten sein. Im Idealfall entspricht der Zielfunktionswert genau der Summe aller Kantengewichte, wenn also jede Kante
genau einmal in W enthalten ist. Bevor wir das Briefträgerproblem
allgemein lösen, wollen wir uns zunächst mit dem Entscheidungsproblem beschäftigen, ob es möglich ist, einen Kantenzug zu bestimmen,
der jede Kante genau einmal enthält.

5.1 Eulersche Touren

Ein geschlossener Kantenzug, der jede Kante *genau* einmal enthält,
ist notwendigerweise ein kürzester Kantenzug unter den geschlossenen
Kantenzügen, die jede Kante *mindestens* einmal enthalten. Daher
machen wir uns zur Lösung des Briefträgerproblems zunächst auf die
Suche nach Graphen, die einen derartigen Kantenzug besitzen. Wir
bezeichnen diese Graphen als Euler-Graphen. Die Bezeichnung geht
zurück auf Leonhard Euler (1707–1783), der sich im Rahmen des *Kö-
nigsberger Brückenproblems* (siehe Aufgabensammlung) als einer der
ersten Wissenschaftler formal mit der Graphentheorie beschäftigte.

Definition 5.1 (Eulersche Tour und Euler-Graph)
Gegeben sei ein (gerichteter oder ungerichteter) Graph $G = (V, E)$.

- *Ein geschlossener Kantenzug, der jede Kante $e \in E$ genau
  einmal beinhaltet, heißt* Eulersche Tour.

- *Besitzt G eine Eulersche Tour, so heißt dieser Graph* Euler-
  Graph *bzw.* eulersch.

Beispiel 5.2
Der Graph aus Abbildung 5.2 ist kein Euler-Graph. Dies erkennt man
leicht, da man auf einem Kantenzug von und zu Knoten 1 die Kanten
$(7, 8), (2, 3)$ und $(15, 16)$ zweimal ablaufen muss. Der in Abbildung 5.3
gezeigte Graph (S. 114) ist hingegen eulersch, da er die Eulersche
Tour $(1, 2, 3, 1, 7, 6, 5, 7, 2, 5, 4, 7, 3, 4, 1)$ enthält.

Damit können wir folgendes Entscheidungsproblem definieren.

Entscheidungsproblem 9 (Bestimmung einer Eulerschen Tour):

Eingabe-parameter:	Gerichteter oder ungerichteter, zusammenhängender Graph $G = (V, E)$
Entscheidungs-optionen:	Ein Kantenzug W des Graphen G
Restriktionen:	W muss eine Eulersche Tour sein.
Zielfunktion:	Finde eine zulässige Lösung.

Für gerichtete, zusammenhängende Graphen (von denen wir womöglich noch nicht wissen, ob sie stark zusammenhängend sind) können wir sehr leicht überprüfen, ob ein Euler-Graph vorliegt. Dies ist der Fall, wenn in jedem Knoten v die Anzahl der eingehenden Kanten (die wir mit $\delta^-(v)$ bezeichnet haben) der Anzahl der ausgehenden Kanten (Bezeichnung: $\delta^+(v)$) entspricht. Allgemein lässt sich zeigen:

Satz 5.3 (Satz von Euler für gerichtete Graphen)
In einem zusammenhängenden, gerichteten Graphen $G = (V, E)$ sind folgende drei Aussagen äquivalent:

1. *G ist ein Euler-Graph.*

2. *$\delta^+(v) = \delta^-(v)$ $\forall v \in V$ (In jedem Knoten stimmt die Anzahl eingehender und die Anzahl ausgehender Kanten überein.)*

3. *Die Kantenmenge kann in kantendisjunkte Kreise zerlegt werden.*

BEWEIS: Wenn G ein Eulergraph ist, dann haben wir auch eine Eulerscher Tour. Ist ein Knoten einfach in der Eulerschen Tour enthalten, so hat er eine eingehende und eine ausgehende Kante. Ist der Knoten mehrfach enthalten, sagen wir genau x mal, so hat er x eingehende und x ausgehende Kanten. Daher wird ersichtlich, dass die Anzahl eingehender und ausgehender Kanten in jedem Knoten übereinstimmt, und wir haben gezeigt, dass aus der ersten Aussage die zweite Aussage folgt.

Nehmen wir an, dass die Aussage 3 gilt, sich die Kantenmenge in also kantendisjunkte Kreise zerlegen lässt. Dann können diese Kreise zu einem geschlossenen Kantenzug zusammengefügt werden, da der Graph ja zusammenhängend ist. Dieser geschlossene Kantenzug stellt eine Eulersche Tour dar. Aus der dritten Aussage folgt also die erste Aussage.

Wir müssen jetzt nur noch zeigen, dass aus der zweiten Aussage die dritte folgt. Denn dann haben wir einen Zirkelschluss. Wir haben dann die Folgerungen $1 \Rightarrow 2$, $2 \Rightarrow 3$ und $3 \Rightarrow 1$ gezeigt und somit auch $1 \Rightarrow 3$, $2 \Rightarrow 1$ und $3 \Rightarrow 2$.

Nehmen wir also an, dass die Aussage 2 gilt. Stellen wir uns vor, wir entfernen eine Kante (v, u) aus diesem Graphen. Dann gilt $\delta^+(v) = \delta^-(v) + 1$, $\delta^+(u) = \delta^-(u) - 1$, und bei allen anderen Knoten ist die Anzahl eingehender und ausgehender Kanten identisch. Ausgehend von u, wählen wir nur eine beliebige Kante, die existieren muss, da ja $\delta^+(u) = \delta^-(u) - 1$ gilt. Sagen wir, dass diese Kante im Knoten u' endet. Wir erhalten dadurch einen Kantenzug $W = (v, u, u')$, und es gilt $\delta^+(v) = \delta^-(v) + 1$, $\delta^+(u') = \delta^-(u') - 1$, und bei allen anderen Knoten (auch bei u) ist die Anzahl eingehender und ausgehender Kanten identisch. Dieses Vorgehen, bei dem wir den Kantenzug W verlängern, können wir solange wiederholen, bis (nach spätesten n Schritten) ein Knoten doppelt vorkommt. Nennen wir diesen Knoten v'. Wir haben dann also $W = (v, \ldots, v', \ldots, v')$ (wenn v und v' verschieden sind) oder $W = (v', \ldots, v')$. In ersterem Fall fügen wir die Kanten $(v, \ldots, v')$ dem Graphen wieder hinzu, so dass wir auf jeden Fall $W = (v', \ldots, v')$ haben. Offensichtlich ist W ein Kreis und in dem verbleibenden Graphen gilt weiterhin $\delta^+(v) = \delta^-(v) \; \forall v \in V$ (dieser Graph ist dann womöglich nicht mehr zusammenhängend, aber das ist unkritisch). Wir können also dem verbleibenden Graphen (sofern er denn noch Kanten hat) erneut Kanten entfernen, die, wie oben beschrieben zwangsläufig einen Kreis ergeben. Wenn wir das sukzessive machen, wird der Graph irgendwann keine Kanten mehr enthalten, und die gewonnenen Kreise zerlegen den gesamten Graphen. □

Bevor wir den Satz von Euler auf ungerichtete Graphen übertragen, wollen wir noch einen Aspekt von Satz 5.3 beleuchten. Wir fordern in dem Satz ja nur, dass der gerichtete Graph zusammenhängend, aber nicht stark zusammenhängend ist. Dadurch ist es natürlich einfacher, die Voraussetzungen für den Satz zu überprüfen, als wenn wir starken Zusammenhang fordern würden. Es lässt sich aber auch leicht feststellen, dass, wenn ein zusammenhängender Euler-Graph vorliegt, dieser auch stark zusammenhängend sein muss. Das halten wir in Satz 5.4 fest.

Satz 5.4
Ein zusammenhängender, gerichteter Euler-Graph $G(V, E)$ ist stark zusammenhängend.

BEWEIS: Aufgrund des Satzes 5.3 genügt es zu zeigen, dass ein zusammenhängender, gerichteter Graph mit der Eigenschaft $\delta^+(v) = \delta^-(v) \; \forall v \in V$ stark zusammenhängend ist. Ist diese Eigenschaft erfüllt, so muss offensichtlich auch $\delta^+(U) = \delta^-(U)$ für alle $U \subseteq V$ gelten, wobei $\delta^+(U) := \sum_{u \in U} \delta^+(u)$ und $\delta^-(U) := \sum_{u \in U} \delta^-(u)$.

Beweis über Widerspruch: Angenommen es gäbe zwei Knoten u und v, die nicht über einen Weg verbunden sind. Sei U die Menge aller Knoten, die Endpunkt eines Weges ausgehend von u sind. Sei $V' = V \backslash U$. Es gilt $u \in U$ und $v \in V'$, so dass weder U noch V' leer sind. Es kann keine Kante von einem Knoten aus U zu einem Knoten in V' führen (laut Definition von U). Es muss aber eine Kante von einem Knoten aus V' zu einem Knoten aus U führen (sonst wäre der Graph nicht zusammenhängend). Also gilt $\delta^-(U) > \delta^+(U)$, was einen Widerspruch darstellt. □

Der Satz von Euler lässt sich, leicht abgewandelt, auch auf ungerichtete Graphen übertragen. Wir können uns überlegen, dass wir immer dann, wenn wir in einem Kantenzug einen Knoten über eine Kante „besuchen", diesen auf einer anderen Kante wieder „verlassen". Offensichtlich muss also der Knotengrad jedes Knotens gerade sein, damit ein Euler-Graph vorliegen kann. Dies ist nicht nur eine notwendige Bedingung für einen Euler-Graphen, sie ist sogar hinreichend, wie uns der folgende Satz zeigt.

Satz 5.5 (Satz von Euler für ungerichtete Graphen)
*In einem zusammenhängenden, ungerichteten Graphen $G = (V, E)$
sind folgende drei Aussagen äquivalent.*

1. G *ist ein Euler-Graph.*

2. $\delta(v) \bmod 2 = 0 \ \forall v \in V$, *d.h. der Grad jedes Knotens ist
   gerade.*

3. *Die Kantenmenge kann in kantendisjunkte Kreise zerlegt werden.*

BEWEIS: Der Beweis verläuft analog zum Beweis zu Satz 5.3. Explizit
für ungerichtete Graphen findet sich der Beweis auch in Diestel (2017)
ab Seite 22. ☐

Der Satz von Euler gibt Auskunft darüber, in welchen Fällen eine
Eulersche Tour existiert. Wenn wir nun wissen, dass eine Eulersche
Tour existiert, wenn wir also wissen, dass das Entscheidungsproblem 9 eine zulässige Lösung hat, wie lässt sich der gesuchte Kreis
dann bestimmen? Dafür können wir den Algorithmus des deutschen
Mathematikers Carl Hierholzer (1840–1871) nutzen. Er hatte die
Idee des Verfahrens kurz vor seinem plötzlichen Tode „einem Kreise befreundeter Mathematiker" vorgestellt (Hierholzer and Wiener
(1873)), so dass seine Gedanken posthum zu Papier gebracht werden
konnten.

Algorithmus 11:

Name:	Hierholzer	
Typ:	Exaktes Verfahren	Laufzeit: $O(n^2)$
Eingabe:	Zusammenhängender Euler-Graph $G = (V, E)$ (gerichtet oder ungerichtet)	
Ausgabe:	Eulersche Tour W	

1. Initialisierung:

- Wähle ein $v \in V$.

- Bestimme, ausgehend von v, einen geschlossenen Kantenzug W, indem sukzessive Kanten ausgewählt werden, bis
  Knoten v erneut erreicht wird.

2. Stoppkriterium:

- Falls W alle Kanten von G enthält, dann stoppe.

- Andernfalls bestimme einen Knoten u, der Endpunkt mindestens zweier Kanten ist, von denen eine in W enthalten ist und eine nicht.

3. Zusatzkreis:

- Bestimme, ausgehend von u, einen geschlossenen Kantenzug W', der keine Kanten enthält, die bereits in W vorkommen.

4. Vergrößerung:

- Vergrößere den Kantenzug W, indem an der Stelle u der Kantenzug W' eingefügt wird.

- Gehe zu Schritt 2.

Aufgabe 20:
Wenden Sie Algorithmus 11 auf den Graphen aus Abbildung 5.3 an. Prüfen Sie zunächst, ob der Graph eulersch ist.

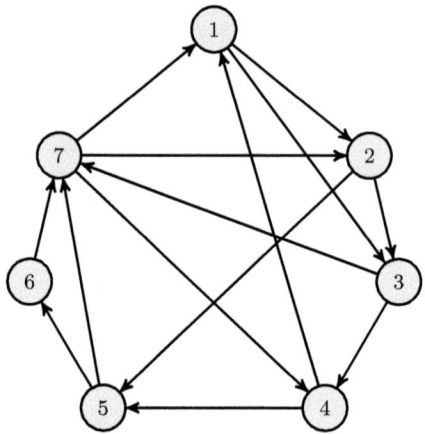

Abbildung 5.3: Graph zu Aufgabe 20

5.2 Briefträgerproblem für gerichtete Graphen

Liegt einem Briefträgerproblem ein Graph zugrunde, der nicht eulersch ist (wie z.B. in Abbildung 5.1), können wir Algorithmus 11 nicht unmittelbar anwenden. Es ist dann zwingend erforderlich, Kanten im gesuchten Kantenzug mehrfach zu verwenden. Um derartige Probleminstanzen lösen zu können, benötigen wir zunächst Satz 5.6.

Satz 5.6 (Handschlaglemma für gerichtete Graphen)
Gegeben sei ein gerichteter Graph $G = (V, E)$. Dann gilt

$$\sum_{v \in V} \delta^{+-}(v) = 0.$$

BEWEIS: Angenommen, es gilt $\sum_{v \in V} \delta^{+-}(v) > 0$: Dann gilt

$$\sum_{v \in V} \delta^{+-}(v) = \sum_{v \in V}(\delta^+(v) - \delta^-(v)) = \sum_{v \in V} \delta^+(v) - \sum_{v \in V} \delta^-(v) > 0.$$

Wird aus diesem Graphen nun eine Kante (a, b) entfernt, so verringern sich $\delta^+(a)$ und $\delta^-(b)$ um jeweils 1. Durch sukzessives Entfernen von Kanten wird ein Graph erzeugt mit $\sum_{v \in V} \delta^-(v) = 0$, aber $\sum_{v \in V} \delta^+(v) > 0$. Das ist ein Widerspruch zur Annahme, dass jede Kante einen Vorgänger und Nachfolger hat.
Analog für $\sum_{v \in V} \delta^{+-}(v) < 0$. □

In Worten ausgedrückt sagt der Satz Folgendes: Alle Knoten, die mehr eingehende als ausgehende Kanten haben, haben in der Summe genauso viele überzählige eingehende Kanten, wie die übrigen Knoten überzählige ausgehende Kanten haben.

Liegt nun also ein Graph vor, der nicht eulersch ist, müssen (unter Ausnutzung des Satzes 5.6) Kanten derart „ergänzt" werden, dass ein Eulerscher Graph entsteht. Die „ergänzten" Kanten entsprechen (bei der Betrachtung von Briefträgerproblemen) dabei immer Kanten oder Kantenzügen im ursprünglichen Graphen, die im letztlich

gesuchten Kantenzug mehrfach durchlaufen werden. Aufgrund des
Satzes von Euler und des Handschlaglemmas ist bekannt, dass eine
solche *Eulersche Erweiterung* für jeden stark zusammenhängenden
Graphen existiert.

Definition 5.7 (Eulersche Erweiterung)

Gegeben sei ein gerichteter oder ungerichteter (Multi-) Graph $G = (V, E)$.

- *Ein (Multi-) Graph $\overline{G} = (V, \overline{E})$, der eulersch ist und die Bedingung $E \subseteq \overline{E}$ erfüllt, heißt* Eulersche Erweiterung *von G.*

- *Sei $\overline{G} = (V, \overline{E}, \overline{w})$ eine Eulersche Erweiterung von G mit Kantengewichten $\overline{w}_e, e \in \overline{E}$ (falls G auch gewichtet ist, müssen die Kantengewichte von G und $\overline{G}$ nicht notwendigerweise gleich sein). Dann ist $\sum_{e \in \overline{E} \setminus E} \overline{w}_e$ das* Gewicht der Eulerschen Erweiterung *$\overline{G}$.*

Um eine Eulersche Erweiterung zu erhalten, müssen im ursprünglichen Graphen Kanten zwischen

- Knoten mit zu wenig ausgehenden Kanten und

- Knoten mit zu wenig eingehenden Kanten

„ergänzt" werden. Wir können somit auch eine zu Optimierungsproblem 8 alternative Beschreibung des Briefträgerproblems angeben:

Optimierungsproblem 8 (Briefträgerprob., neue Formulierung):

Eingabe-parameter:	Gerichteter oder ungerichteter, nicht negativ gewichteter, (stark) zusammenhängender Graph $G = (V, E, w)$
Entscheidungs-optionen:	Eulersche Tour in einem Graphen $\overline{G} = (V, \overline{E}, \overline{w})$

	$\overline{G}$ muss eine Eulersche Erweiterung von G sein.
Restriktionen:	Für die Gewichte $\overline{w}$ gelte: $$\overline{w}_{(u,v)} := \begin{cases} w(u,v) & \text{falls } (u,v) \in E \\ d(u,v) & \text{sonst} \end{cases}$$
Zielfunktion:	Minimiere das Gewicht der Eulerschen Erweiterung $\overline{G}$.

Zur Lösung eines Briefträgerproblems wird also nicht nur irgendeine Eulersche Erweiterung gesucht (die durch das Ergänzen von Kanten entsteht), sondern eine Eulersche Erweiterung *minimalen Gewichts*. Es muss also geschickt entschieden werden, welche Knoten miteinander „verbunden" werden. Anders ausgedrückt: Es muss also jedem Knoten, dem (mindestens) eine eingehende Kante fehlt, für jede fehlende eingehende Kante ein Knoten mit fehlender ausgehender Kante zugeordnet werden. In gerichteten Graphen wird dazu ein vollständig bipartiter, gewichteter Hilfsgraph $\widetilde{G}$ generiert, den wir *Zusatzstreckengraph* bezeichnen, da er die zusätzlich zu absolvierenden Strecken kennzeichnet.

Definition 5.8 (Zusatzstreckengraph für gerichtete Graphen)
Gegeben sei ein gerichteter, nicht negativ gewichteter, stark zusammenhängender Graph $G = (V, E, w)$. Zwei Knotenmenge V_1 und V_2 werden wie folgt generiert:

- *Für jedes $v \in V$ mit $\delta^+(v) < \delta^-(v)$ füge Knoten v insgesamt $\delta^-(v) - \delta^+(v)$ mal zur Menge V_1 hinzu (mit einer Bezeichnung, z.B. v', v'', usw., so dass sie unterschieden werden können).*

- *Für jedes $v \in V$ mit $\delta^+(v) > \delta^-(v)$ füge Knoten v insgesamt $\delta^+(v) - \delta^-(v)$ mal zur Menge V_2 hinzu (mit unterschiedlicher Kennzeichnung).*

Der vollständig bipartite, gewichtete Graph $\widetilde{G} = (V_1 \cup V_2, \widetilde{E}, \widetilde{w})$ mit

$\widetilde{w}_{(u,v)} = d_G(u,v)$ *(wobei $u \in V_1$ und $v \in V_2$) heißt* Zusatzstrecken-graph *von G.*

Aufgabe 21 (Lösung auf Seite 136):
Erstellen Sie den Zusatzstreckengraph für den Graphen aus Abbildung 5.1. Die kürzesten Wege zur Bestimmung der Kantengewichte können Sie dabei durch „genaues Hinschauen" ermitteln.

Aufgrund von Satz 5.6 wissen wir, dass die Mengen V_1 und V_2 des Zusatzstreckengraphen gleich viele Knoten enthalten. Um unsere Eulersche Erweiterung minimalen Gewichts zu bestimmen, müssen wir nun also nur noch jedem Knoten aus V_1 einen Knoten aus V_2 zuordnen, so dass die Zuordnung möglichst geringes Gewicht verursacht. Wir müssen also ein Zuordnungsproblem lösen.

Zur Lösung des Briefträgerproblems in gerichteten Graphen werden also insgesamt drei Graphen benötigt: Der Eingabegraph G, der (vollständig bipartite) Zusatzstreckengraph $\widetilde{G}$, sowie die (zu suchende) Eulersche Erweiterung $\overline{G}$. Zusammenfassend ergibt sich daraus das im folgenden Algorithmus beschriebene Vorgehen für gerichtete Graphen, das wieder auf den Ideen von Jack Edmonds beruht (Edmonds and Johnson (1973)).

Algorithmus 12:

Name:	Edmonds' Briefträgeralgorithmus	
Typ:	Exaktes Verfahren	Laufzeit: $O(n^4)$
Eingabe:	Stark zusammenhängender, gerichteter, nicht negativ gewichteter Graph $G = (V, E, w)$	
Ausgabe:	Eulersche Tour in einer Eulerschen Erweiterung $\overline{G}$ mit minimalem Gewicht	

1. **Initialisierung:**
   - Wende den Floyd-Warshall-Algorithmus auf G an, so dass für alle Knotenpaare $(u,v) \in V \times V$ die kürzeste Distanz $d_G(u,v)$ bekannt ist (Algorithmus 4 auf Seite 44).

2. **Generierung von $\widetilde{G}$:**

- Bestimme den Zusatzstreckengraph $\widetilde{G}$ von G.

3. Matching:

- Bestimme ein perfektes Matching M minimalen Gewichts auf $\widetilde{G}$ mit Hilfe der ungarischen Methode (Algorithmus 10 auf Seite 102).

4. Generierung von $\overline{G}$:

- Sei $\overline{G} = (V, \overline{E})$ mit $\overline{E} := E \cup M$.

5. Eulersche Tour: ,

- Bestimme eine Eulersche Tour in $\overline{G}$ mittels des Verfahrens von Hierholzer (Algorithmus 11 auf Seite 113).

Aufgabe 22:
Lösen Sie das Briefträgerproblem, das in Abbildung 5.1 dargestellt ist. Beachten Sie, dass Sie in den Aufgaben 21 und 19 bereits wichtige Vorarbeit geleistet haben.

5.3 Briefträgerproblem für ungerichtete Graphen

Die Lösung des Briefträgerproblems für ungerichtete Graphen folgt im Wesentlichen dem gleichen Schema wie im Falle der gerichteten Graphen. Grundlage war dort das Handschlaglemma, das sich im ungerichteten Fall zwar ähnlich darstellt, aber sich doch klar unterscheiden lässt. Im ungerichteten Fall besagt dies, dass die Anzahl der Knoten mit ungeradem Grad in einem ungerichteten Graphen immer gerade ist.

Satz 5.9 (Handschlaglemma)
In einem ungerichteten Graphen $G = (V, E)$ gilt

$$|\{v \in V \mid \delta(v) \bmod 2 = 1\}| \bmod 2 = 0.$$

BEWEIS: Die Summe aller Knotengrade ist eine gerade Zahl, da jede Kante genau zwei Endpunkte hat, d.h. $\sum_{v \in V} \delta(v) = 2 \cdot |E|$. Da sich diese Summe aufteilen lässt zu

$$\sum_{v \in V} \delta(v) = \sum_{v \in V, \delta(v) \bmod 2 = 0} \delta(v) + \sum_{v \in V, \delta(v) \bmod 2 = 1} \delta(v),$$

und der erste Summand gerade ist (die Summe gerader Zahlen ist wieder gerade), muss der zweite Summand auch gerade sein. Eine Summe ungerader Zahlen kann aber nur dann gerade sein, wenn eine gerade Anzahl an Summanden vorliegt.   □

Dieser Satz nutzt uns dahingehend, dass wir zur Erstellung einer Eulerschen Erweiterung (die wir in Definition 5.7 bereits auch für ungerichtete Graphen definiert haben) Kanten derart ergänzen können, dass anschließend alle Knoten einen geraden Grad haben. Um eine Eulersche Erweiterung zu erhalten, müssen im ursprünglichen Graphen jeweils zwei Knoten ungeraden Grades miteinander „verbunden" werden.

Dazu benötigen wir wieder einen Zusatzstreckengraphen, der für ungerichtete Graphen allerdings etwas anders geartet ist, da ja jedes beliebige Knotenpaar, das jeweils einen ungeraden Grad hat, miteinander verbunden werden kann. Wir generieren daher einen vollständigen, gewichteten Zusatzstreckengraphen $\widetilde{G}$, der alle Knoten aus V mit ungeradem Grad enthält und dessen Gewichte der Länge eines bezüglich des Graphen G kürzesten Weges zwischen den beiden Knoten entsprechen.

Definition 5.10 (Zusatzstreckengraph für ungerichtete Graphen)
Gegeben sei ein ungerichteter, nicht negativ gewichteter, stark zusammenhängender Graph $G = (V, E, w)$. Sei $U = \{v \in V | \delta(v) \bmod 2 = 1\}$. Der vollständige, gewichtete Graph $\widetilde{G} = (U, \widetilde{E}, \widetilde{w})$ mit $\widetilde{w}_{(u,v)} = d_G(u, v)$ ($\forall u, v \in U$) heißt Zusatzstreckengraph von G.

Aufgabe 23 (Lösung auf Seite 136):
Erstellen Sie den Zusatzstreckengraphen für den Graphen aus Abbildung 5.2. Die kürzesten Wege zur Bestimmung der Kantengewichte

können Sie dabei durch „genaues Hinschauen" ermitteln.

Auch bei den ungerichteten Graphen müssen wir nun im Zusatzstreckengraph ein perfektes Matching minimalen Gewichts bestimmen. Da wir nun einen vollständigen Graphen haben (und keinen vollständig bipartiten Graphen), können wir leider auf kein Verfahren aus diesem Buch zurückgreifen (siehe die Ausführungen im Abschnitt 4.2.2). Es sei aber erwähnt, dass der Zusatzstreckengraph häufig recht klein ist und sich dadurch oft auch durch „genaues Hinschauen" ein perfektes Matching minimalen Gewichts bestimmen lässt. Hilfreich ist dafür die folgende Bemerkung, die wir ganz zu Beginn des Kapitels bereits implizit erwähnt hatten.

Bemerkung 5.11:
Liegt ein Briefträgerproblem auf einem ungerichteten Graphen vor und gibt es (mindestens) einen Knoten $v \in V$ mit $\delta(v) = 1$, so muss die mit Knoten v verbundene Kante in einer Eulerschen Erweiterung zwangsläufig ein weiteres Mal vorkommen.

In dem Beispiel aus Abbildung 5.2 wissen wir also unmittelbar, dass die Kanten $(2,3)$, $(7,8)$ und $(15,16)$ in der Eulerschen Erweiterung ergänzt werden müssen. Wenn wir das antizipieren, so vereinfacht sich der Zusatzstreckengraph anschließend erheblich.

Im Wesentlichen können wir also das Briefträgerproblem auf einem ungerichteten Graphen auch mit Edmonds' Briefträgeralgorithmus (Algorithmus 12) lösen. Weil das eine wichtige Erkenntnis ist, halten wir sie in einer separaten Bemerkung fest.

Bemerkung 5.12:
- Algorithmus 12 lässt sich auch anwenden, wenn als Eingabe ein zusammenhängender, ungerichteter, nicht negativ gewichteter Graph vorliegt. In dem Fall muss das in Schritt 3 zu bestimmende perfekte Matching minimalen Gewichts allerdings mit einem anderen Verfahren als der ungarischen Methode ermittelt werden.

- In diesem Buch bestimmen wir diese perfekten Matchings minimalen Gewichts nur durch „genaues Hinschauen". Im Allgemeinen ließe sich darauf Edmonds' Algorithmus (Abschnitt 4.2.2)
  anwenden.

Aufgabe 24:
Lösen Sie das Briefträgerproblem für den Graphen aus Abbildung 5.2.
Beachten Sie dabei die Bemerkungen 5.12 und 5.11.

Abschließend sei erwähnt, dass Briefträgerprobleme durchaus auch
auf Graphen mit gerichteten und ungerichteten Kanten vorkommen
(man spricht von einem *gemischten* Graphen). In diesem Fall lassen
sich die ungerichteten Kanten nicht einfach „richten" (wie es z.B im
Kürzeste-Wege-Problem gehen würde). Während wir sowohl für das
gerichtete als auch das ungerichtete Briefträgerproblem ein Verfahren
mit polynomieller Laufzeit betrachtet haben, sind für das Briefträgerproblem bei gemischten Graphen nur Verfahren mit exponentieller
Laufzeit bekannt.

6 Lösungen zu ausgewählten Aufgaben

Lösung zu Aufgabe 9

s	1	2	3	4	5	6	7
t	21,21	30,59	33,62	36,24	38,21	31,83	23,09	27,02

	8	9	10	11	12	13	14	15
t	34,99	17,20	25,94	15,00	07,28	16,16	20,22	26,08

Lösung zu Aufgabe 11

Die Adjazenzmatrix entspricht den initialen Werten der Distanzen $d(u, v)$ $(u, v \in V)$ in der Initialisierung des Floyd-Warshall-Algorithmus. Die initialen Vorgänger $p(u, v)$ $(u, v \in V)$ können auch als Matrix dargestellt werden:

$$
\begin{array}{c}
 \\
a \\
b \\
c \\
d
\end{array}
\begin{array}{cccc}
a & b & c & d \\
\end{array}
\begin{pmatrix}
0 & a & a & a \\
b & 0 & b & b \\
c & c & 0 & c \\
d & d & d & 0
\end{pmatrix}
$$

In Schritt 2 des Algorithmus durchlaufen wir drei ineinander verschachtelte Schleifen, die wir bei der handschriftlichen Rechnung sehr effizient mittels der Distanzmatrix durchführen können. In der ersten Iteration ist a der Transitknoten und wir markieren dazu

die entsprechende Spalte und Zeile, die wir hier durch Fettdruck
hervorheben.

$$
\begin{array}{c c c c c}
 & a & b & c & d \\
a & \begin{pmatrix} 0 & 12 & 6 & -2 \\ 5 & 0 & 7 & ⑦ \\ 4 & -2 & 0 & ⑤ \\ 11 & 5 & 2 & 0 \end{pmatrix} \\
\end{array}
$$

Bei allen übrigen Werten überprüfen wir, ob die Summe der fettgedru-
cken Werte in der gleichen Zeile bzw. Spalte geringer ist als selbiger.
Bei den beiden eingekreisten Werten ist dies der Fall, da $5 - 2 < 7$
und $4 - 2 < 5$. Wir ersetzen die eingekreisten Werte durch die ent-
sprechnde Summe und ändern auch die entsprechenden Einträge in
der Vorgängermatrix, indem wir dort den aktuellen Transitknoten a
eintragen:

$$
\begin{pmatrix} 0 & 12 & 6 & -2 \\ 5 & 0 & 7 & 3 \\ 4 & -2 & 0 & 2 \\ 11 & 5 & 2 & 0 \end{pmatrix}
\qquad
\begin{pmatrix} 0 & a & a & a \\ b & 0 & b & a \\ c & c & 0 & a \\ d & d & d & 0 \end{pmatrix}
$$

Im zweiten Schritt markieren wir die Zeile b und die Spalte b und
machen für jeden nicht markierten Eintrag wieder die entsprechenden
Vergleiche. Nachdem wieder kürzere Distanzen geändert wurden und
auch die Vorgängermatrix angepasst wurde, sehen diese dann wie
folgt aus.

$$
\begin{pmatrix} 0 & 12 & 6 & -2 \\ 5 & 0 & 7 & 3 \\ 3 & -2 & 0 & 1 \\ 10 & 5 & 2 & 0 \end{pmatrix}
\qquad
\begin{pmatrix} 0 & a & a & a \\ b & 0 & b & a \\ b & c & 0 & b \\ b & d & d & 0 \end{pmatrix}
$$

Nachdem auch die verbleibenden beiden Iterationen mit c und d
durchgeführt wurden, erhalten wir folgende Matrizen, die die Distan-

zen und Vorgänger angeben:

$$d(u,v): \begin{pmatrix} 0 & -2 & 0 & -2 \\ 5 & 0 & 5 & 3 \\ 3 & -2 & 0 & 1 \\ 5 & 0 & 2 & 0 \end{pmatrix}, \quad p(u,v): \begin{pmatrix} 0 & d & d & a \\ b & 0 & d & a \\ b & c & 0 & b \\ c & c & d & 0 \end{pmatrix}.$$

Um nun einen kürzesten Weg z.b. von a nach b zu bestimmen, betrachten wir diese beiden Matrizen. Aus der Distanzmatrix entnehmen wir unmittelbar, dass der gesuchte Weg die Länge $d(a,b) = -2$ hat. Einen Weg selbst bestimmen wir rekursiv aus der Vorgängermatrix: Vorgänger von Knoten b in einem kürzesten Weg von a nach b ist der Knoten $p(a,b) = d$. Da $p(a,b) \neq a$, ist der Weg noch nicht vollständig generiert. Wir wissen bisher nur, dass er die Form $(a, d, \ldots, b)$ hat. Da sich „kürzeste Wege aus kürzesten Wegen zusammensetzen" (Satz 2.15), betrachten wir nun das Element $p(d,b) = c$, so dass wir die Form $(a, d, c, \ldots, b)$ des kürzesten Weges kennen. Aus $p(c,b) = c$ wird abschließend ersichtlich, dass wir einen kürzesten Weg, (a, d, c, b), bereits gefunden haben.

Lösung zu Aufgabe 14

Die Schritte des Verfahrens sind in Tabelle 6.1 abgebildet.

Lösung zu Aufgabe 17

In der Initialisierung gilt $V' = S = \{a_1, \ldots, a_7\}$, $E' = \emptyset$ und $A = \emptyset$. Das Stoppkriterium ist somit nicht erfüllt. Wir zeichnen die Knoten aus S auf, so dass wir, ausgehend von diesen, im Schritt 3 vergrößernde Wege suchen können. Nachdem wir Schritt 3 für den ersten Knoten aus S durchgeführt haben, also $u = a_1$, und diese Verbindungen ebenfalls einzeichnen, erhalten wir den Graphen aus Abbildung 6.1.

Zu diesem Zeitpunkt sind die Mengen $S = \{a_2, \ldots, a_7\}$ und $A = \{(a_1, b_1)\}$. Wenn wir nun für $u = a_2$ den Schritt 3 durchlaufen,

Schritt	flow $f(u,v)$ (s,a)	(s,b)	(a,b)	(a,c)	(b,d)	(c,t)	(d,c)	(d,t)	$excess(v)$ a	b	c	d	$height(v)$ s	a	b	c	d	t
1;2 ($v^*=a$)	6	3	0	0	0	0	0	0	6	3	0	0	6	0	0	0	0	0
3;4	6	3	0	0	0	0	0	0	6	3	0	0	6	1	0	0	0	0
3;4	6	3	2	3	0	0	0	0	1	5	3	0	6	2	0	0	0	0
3;4;3;4;3;4;3;4	6	3	2	3	0	0	0	0	1	5	3	0	6	7	0	0	0	0
3;4	5	3	2	3	0	0	0	0	0	5	3	0	6	7	0	0	0	0
2 ($v^*=b$);3;4	5	3	2	3	0	0	0	0	0	5	3	0	6	7	1	0	0	0
3;4	5	3	2	3	5	0	0	0	0	0	3	5	6	7	1	0	0	0
2 ($v^*=d$);3;4	5	3	2	3	5	0	1	2	0	0	3	5	6	7	1	0	1	0
3;4	5	3	2	3	5	0	1	2	0	0	4	2	6	7	1	0	2	0
3;4	5	3	2	3	3	0	1	2	0	2	4	0	6	7	3	0	2	0
2 ($v^*=b$);3;4;3;4	5	3	2	3	3	0	1	2	0	2	4	0	6	7	3	0	2	0
3;4	5	3	2	3	5	0	1	2	0	0	4	2	6	7	3	0	2	0
2 ($v^*=d$);3;4;3;4	5	3	2	3	5	0	1	2	0	0	4	2	6	7	3	0	4	0
3;4	5	3	2	3	3	0	1	2	0	2	4	0	6	7	5	0	4	0
2 ($v^*=b$);3;4;3;4	5	3	2	3	3	0	1	2	0	2	4	0	6	7	5	0	4	0
3;4	5	3	2	3	5	0	1	2	0	0	4	2	6	7	5	0	4	0
2 ($v^*=d$);3;4;3;4	5	3	2	3	5	0	1	2	0	0	4	2	6	7	5	0	6	0
3;4	5	3	2	3	3	0	1	2	0	2	4	0	6	7	7	0	6	0
2 ($v^*=b$);3;4;3;4	5	3	2	3	3	0	1	2	0	2	4	0	6	7	7	0	6	0
3;4	5	1	2	3	3	0	1	2	0	0	4	0	6	7	7	0	6	0
2 ($v^*=c$);3;4	5	1	2	3	3	0	1	2	0	0	0	0	6	7	7	1	6	0
3;4;2 (Stopp)	5	1	2	3	3	4	1	2	0	0	0	0	6	7	7	1	6	0

Tabelle 6.1: Schritte des Preflow-Push-Verfahrens, angewendet auf das Beispiel aus Abbildung 3.1

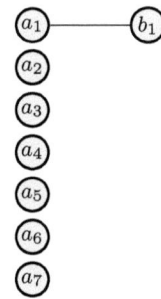

Abbildung 6.1: Zeichnung nach den Schritten 1, 2 und teilweise Schritt 3 (nur für $u = a_1$)

können wir als Nachbarn nicht b_1 berücksichtigen, da dieser bereits in unserem Hilfsgraphen enthalten ist. Es findet sich aber b_2, so dass ein weiterer vergrößernder Pfad gefunden wird. Nachdem wir den Schritt 3 dann vollständig bearbeitet haben (also für alle Knoten aus S), erhalten wir den Graphen aus Abbildung 6.2.

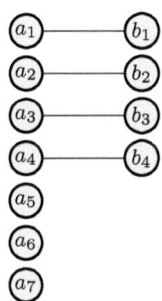

Abbildung 6.2: Zeichnung nach den Schritten 1, 2 und 3

Bereits nachdem in Schritt 3 $u = a_4$ ausgewählt wurde, war dieser Hilfsgraph entstanden. Dadurch, dass die Knoten a_5, a_6 und a_7 nur mit Knoten aus dem Hilfsgraphen verbunden sind, führt der Schritt 3.1 für diese drei Knoten zu keiner Veränderung. Da die

Menge $A = \{(a_1, b_1); (a_2, b_2); (a_3, b_3); (a_4, b_4)\}$ nicht leer ist, wir sogar
vier vergrößernde Wege gefunden haben, gehen wir zu Schritt 4 und
erweitern das Matching entsprechend. Das neue Matching findet sich
in Abbildung 6.3.

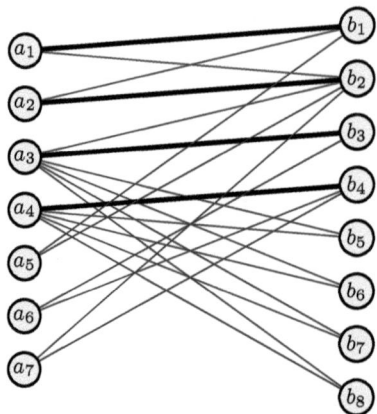

Abbildung 6.3: Beispielgraph mit neuem Matching nach einmaliger
             Durchführung der vier Schritte des Algorithmus von
             Hopcroft und Karp

Wir starten mit dem neuen Matching erneut im Schritt 1 und haben
jetzt in der Menge $S = \{a_5, a_6, a_7\}$ nur noch drei Knoten. Zunächst
wird Knoten a_5 betrachtet, dessen beide Nachbarn b_1 (der wiederum
über eine Matchingkante mit a_1 verbunden ist) und b_2 (zusammen mit
a_2) der Zeichnung hinzugefügt werden. Dadurch gilt $S' = \{a_1, a_2\}$,
S' entspricht also den ganz rechten Knoten. Als nächstes wird in
Schritt 3.1 der Knoten a_6 betrachtet. Dieser hat auch zwei Nachbarn
(b_3 und b_4), die beide noch nicht im Hilfsgraphen enthalten sind.
Diese beiden Nachbarn werden zusammen mit den dann folgenden
Matchingkanten und somit mit den Knoten a_3 und a_4 eingezeichnet.
Dadurch haben wir $S' = \{a_1, \ldots, a_4\}$. a_7 hat keinen Nachbarn, der
nicht bereits eingezeichnet wurde. Damit haben wir Schritt 3.1 für alle
Knoten durchlaufen. Wir setzen $S = \{a_1, \ldots, a_4\}$, und da wir noch

keinen vergrößernden Pfad gefunden haben und das Stoppkriterium nicht greift, starten wir Schritt 3 erneut. Sowohl die Knoten a_1 und a_2 haben allerdings keinen Nachbarn, der nicht bereits eingezeichnet ist. Ausgehend von a_3, finden wir als Nachbarn b_5, der nicht mit einer Matchingkante verbunden ist. Wir ergänzen den vergrößernden Weg, also $A = \{(a_6, b_3, a_3, b_5)\}$. Es verbleibt nur noch a_4. Hier greift der Schritt 3.1. Denn in unserer Menge A ist der vergrößernde Weg, ausgehend von a_6, enthalten, von dem es wiederum einen Weg zu a_4 im Hilfsgraphen gibt. Damit ist Schritt 3 vollständig abgearbeitet, und wir erhalten den Hilfsgraphen in Abbildung 6.4.

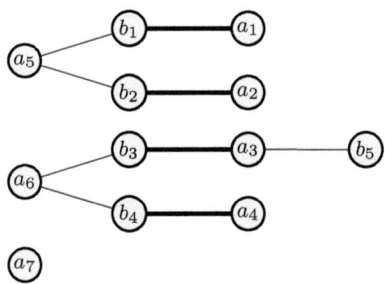

Abbildung 6.4: Zeichnung nach dem dritten Durchlauf des dritten Schrittes

Im Schritt 4 wird nun der vergrößernde Weg genutzt, um das Matching zu erweitern (hier nicht abgebildet). Anschließend beginnen wir erneut bei Schritt 1 und generieren einen Hilfsgraphen (hier nicht abgebildet), bei dem wir zwar, ausgehend von a_5, keinen vergrößernden Weg finden, wohl aber (a_7, b_4, a_4, b_6). Den nutzen wir, um unser Matching zu vergrößern, siehe Abbildung 6.5. Der Algorithmus geht erneut in Schritt 1 und erstellt erneut einen Hilfsgraphen, jetzt nur noch ausgehend von a_5, bei dem allerdings kein vergrößernder Weg mehr gefunden wird. Das in Abbildung 6.5 gezeigte Matching ist somit maximal.

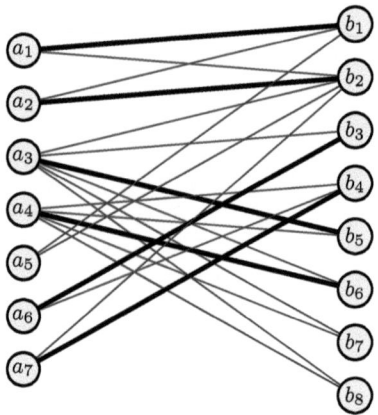

Abbildung 6.5: Beispielgraph mit maximalem Matching

Lösung zu Aufgabe 18

Da in den Schritten 2 und 3 zunächst die Knoten mit dem kleinsten Index gewählt werden, erhalten wir die Kante $(1,2)$, die im Schritt 3.1 als vergrößernder Weg erkannt wird. Das Matching wird vergrößert, und der Algorithmus startet neu. Gleiches passiert anschließend mit den Kanten $(3,4)$ und $(5,6)$, siehe Abbildung 6.6.

Im Algorithmus wird nun wieder der Hilfsgraph aufgebaut, wobei zunächst Knoten 7 untersucht wird und die Kanten $(7,1)$ und $(1,2)$ zum Hilfsgraphen hinzugefügt werden. Der nächste unmarkierte Knoten, der den kleinsten Index hat, ist dann Knoten 2. Dort werden zunächst die Kanten $(2,3)$ und $(3,4)$ im Hilfsgraphen ergänzt. Dann wird die Kante $(2,6)$ untersucht, und es wird damit eine Blume gefunden, und zwar $(7,1,2,3,4,2,1,7)$. Daher wird die zugehörige Blüte $(2,3,4,2)$ geschrumpft. Das sehen wir in Abbildung 6.7, wobei wir den geschrumpften Knoten nicht wie bisher mit b bezeichnen (was auch möglich wäre), sondern mit $(2,3,4)$, so dass deutlich wird, welche Knoten vereint wurden.

Wir wenden nun den Blütenalgorithmus auf den Graphen aus Ab-

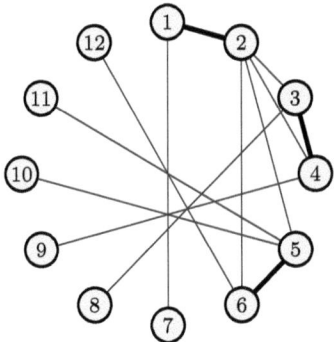

Abbildung 6.6: Matching nach drei Iterationen des Blütenalgorithmus

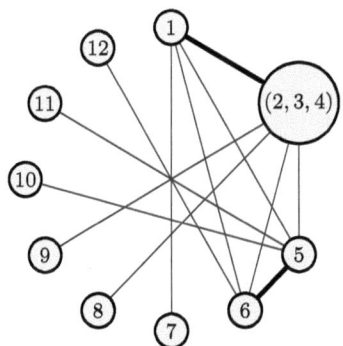

Abbildung 6.7: Graph und Matching nach dem Schrumpfen des Kreises $(2, 3, 4, 2)$

bildung 6.7 an. Im Hilfsgraphen suchen wir zunächst, ausgehend von Knoten 7 (weil dieser der Knoten mit dem kleinsten Index ist, der keine Matchingkante berührt), einen vergrößernden Weg. Die Kanten $(7,1)$ und $(1,(2,3,4))$ werden dem Hilfsgraphen hinzugefügt. Ausgehend von dem Knoten $(2,3,4)$, fügen wir zunächst die Kante zu Knoten 5 und dann die Matchingkante $(5,6)$ hinzu. Als nächstes betrachten wir die Kante $((2,3,4),6)$ und stellen fest, dass wir erneut eine Blume gefunden haben, nämlich $(7,1,(2,3,4),5,6,(2,3,4),1,7)$. Die zugehörige Blüte schrumpfen wir, so dass wir den Graphen in Abbildung 6.8 erhalten.

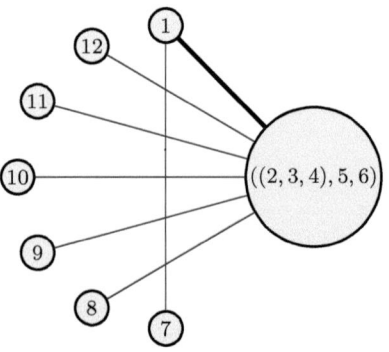

Abbildung 6.8: Graph und Matching nach dem Schrumpfen des Kreises $((2,3,4),5,6,(2,3,4))$

Auf diesen geschrumpften Graphen müssen wir erneut den Blütenalgorithmus anwenden, der schnell den vergrößernden Weg $(7,1,b,8)$ liefert (wobei $b = ((2,3,4),5,6)$ der geschrumpfte Knoten ist). Das führt zu dem Matching in Abbildung 6.9.

Nachdem wir den Algorithmus nun drei Mal aufgerufen haben (zunächst für den Originalgraphen, dann für den einmal geschrumpften Graphen und zuletzt für den zwei Mal geschrumpften Graphen), ist der dritte Aufruf nun beendet. Das bedeutet, dass wir in den zweiten Aufruf zurückkehren, und zwar an die entsprechende Stelle in Schritt 3.1 im vierten Unterpunkt. Wir müssen das gefundene Mat-

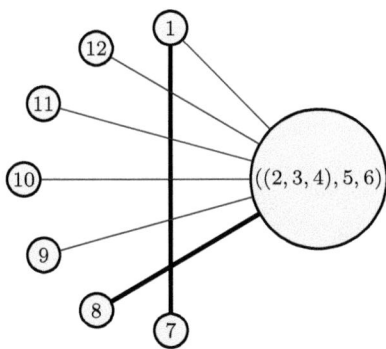

Abbildung 6.9: Graph und Matching nach dem Schrumpfen des Kreises $((2,3,4),5,6,(2,3,4))$

ching aus Abbildung 6.9 also nun auf den nur einmal geschrumpften Graphen aus Abbildung 6.7 anwenden. Das führt zu dem Matching in Abbildung 6.10.

Wir landen damit wieder im Schritt 1 des Algorithmus und suchen einen vergrößernden Weg für das Matching aus Abbildung 6.10, also für den einmal geschrumpften Graphen. Ausgehend von Knoten 9 findet sich kein vergrößernder Weg, wohl aber ausgehend von Knoten 10. Hier gibt es den vergrößernden Weg $(10,5,6,12)$. Das entsprechend erweiterte Matching (ohne Abbildung) ist dann maximal, weshalb wir es auf den ursprünglichen Graphen übertragen. Dabei ist zu beachten, dass die Matchingkante $(8,(2,3,4))$, die nun im ursprünglichen Graphen der Kante $(8,3)$ entspricht, mit der Matchingkante $(3,4)$ kollidiert. Das wird in dieser Blüte aber dadurch gelöst, dass statt $(3,4)$ nun $(2,4)$ als Matchingkante gewählt wird (siehe Abbildung 6.11). Ein weiterer Durchlauf des Blütenalgorithmus lässt dann schnell erkennen, dass dieses Matching maximal ist.

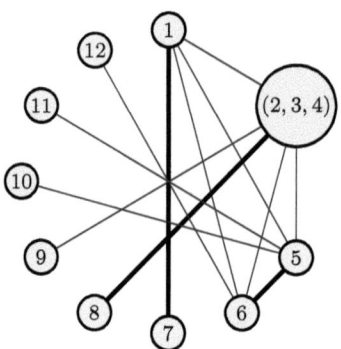

Abbildung 6.10: Graph und Matching nach dem „Entschrumpfen"
des Kreises $((2,3,4),5,6,(2,3,4))$

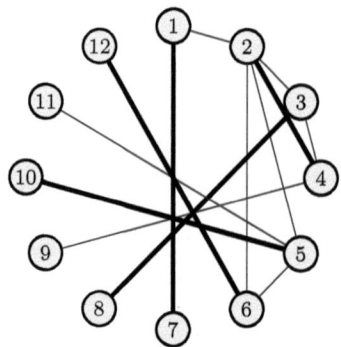

Abbildung 6.11: Maximales Matching

Lösung zu Aufgabe 19

Zunächst werden die Markierungen für die Knoten aus V_1 festgelegt, also für die linken Knoten. Das führt zu $l(s_1) = 7$, $l(s_2) = 9$, $l(s_3) = 9$ und $l(s_4) = 9$. Die Knoten aus V_2 werden dann mit Null markiert, also $l(t_1) = l(t_2) = l(t_3) = l(t_4) = 0$. Das maximale Matching, das wir dann im zweiten Schritt des Algorithmus bestimmen, enthält bereits drei Kanten: $M' = \{(s_1, t_1); (s_2, t_3); (s_3, t_4)\}$. Da das Matching nicht perfekt ist, müssen wir im letzten Teil von Schritt 2 nochmals auf den Algorithmus von Hopcroft und Karp zurückgreifen und dort, ausgehend von einem Knoten aus V_1, versuchen, einen vergrößernden Weg zu finden. Das kann natürlich nicht funktionieren, denn unser Matching M' ist ja maximal, aber uns reicht der entsprechende Teil des Graphen aus dem Algorithmus von Hopcroft und Karp. Als Knoten aus V_1 kommt nur Knoten s_4 in Frage. Ausgehend von s_4 könnten wir zu t_3 oder zu t_4 gehen (nur die beiden Kanten erfüllen die Bedingung $l(u) + l(v) = w_{(u,v)}$ für das Gleichheitsmatching), ausgehend von denen wir wiederum nur zu s_2 und s_3 gehen können. Somit erhalten wir $V' = (s_2, s_3, s_4, t_3, t_4)$. Damit haben wir dann im dritten Schritt $S = \{s_2, s_3, s_4\}$ und $T = \{t_3, t_4\}$ sowie $\Delta = \min\{11 - 9 - 0, 12 - 9 - 0, 11 - 9 - 0, 12 - 9 - 0, 11 - 9 - 0, 12 - 9 - 0\} = 2$. Dadurch ergeben sich die neuen Markierungen $l(s_2) = l(s_3) = l(s_4) = 11$ sowie $l(t_3) = l(t_4) = -2$. Im Schritt 4 übernehmen wir nur noch unser Matching M' als aktuelles Matching M und gehen erneut zu Schritt 2.

In Schritt 2 verändert sich das Matching M zunächst nicht, so dass hier $M' = M$ gilt. Dadurch ist M' auch nicht perfekt, und wir versuchen wieder, ausgehend von s_4 einen vergrößernden Weg zu bestimmen. Diesmal haben wir mehr Optionen, denn neben t_3 und t_4 können wir jetzt auch zu t_1 gehen. Dadurch haben wir dann im Schritt 3 die Mengen $S = \{s_1, s_2, s_3, s_4\}$ und $T = \{t_1, t_3, t_4\}$ und $\Delta = \min\{15 - 7 - 0, 12 - 11 - 0, 12 - 11 - 0, 12 - 11 - 0\} = 1$. Wir erhalten die neuen Markierungen $l(s_1) = 8$, $l(s_2) = l(s_3) = l(s_4) = 12$, $l(t_1) = -1$ sowie $l(t_3) = l(t_4) = -3$. Wir gehen erneut zu Schritt 2 und finden dort das perfekte Matching $M' = \{(s_1, t_1); (s_2, t_3); (s_3, t_4); (s_4, t_2)\}$, so dass der Algorithmus stoppt.

Lösung zu Aufgabe 21

Den Zusatzstreckengraph sehen Sie in Abbildung 6.12.

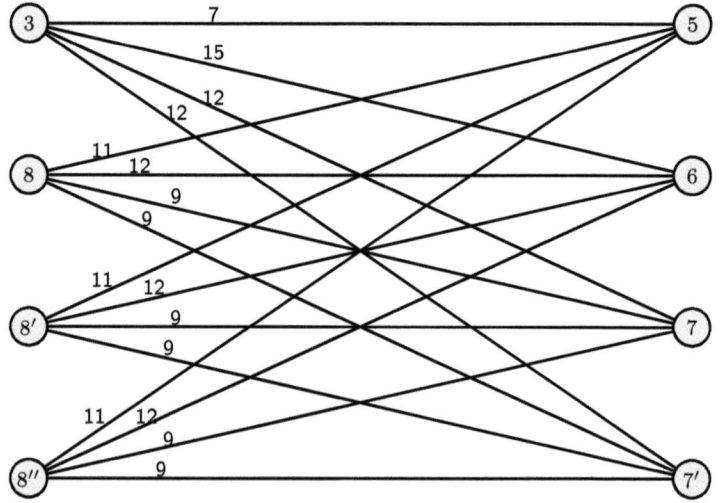

Abbildung 6.12: Zusatzstreckengraph zum Graphen aus Abbildung 5.1

Lösung zu Aufgabe 23

Den Zusatzstreckengraph sehen Sie in Abbildung 6.13.

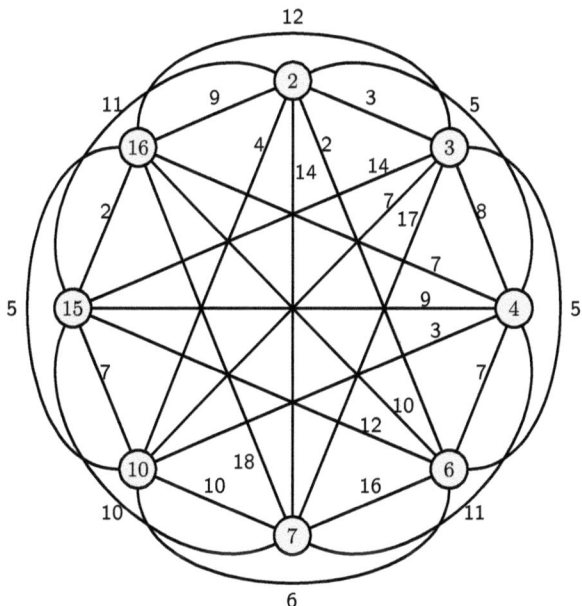

Abbildung 6.13: Zusatzstreckengraph zum Graphen aus Abbildung 5.2

Symbolverzeichnis

Im Folgenden werden die hauptsächlich verwendeten Bezeichnungen dargestellt. Die Symbole sind alphabetisch sortiert, zunächst bzgl. Kleinbuchstaben, dann Großbuchstaben, dann griechische Buchstaben und abschließend weitere mathematische Symbole, die Sie bei Nichtkenntnis in der einschlägigen Literatur nachlesen können.

a Umweg bei der Routenplanung

b geschrumpfter Blütenknoten bei maximalen Matchings

c Kosten

$d_G(u, v)$ Distanz der zwei Knoten u und v im Graphen G

e Kante

f Fluss eines Netzwerks

$l(v)$ Markierung des Knotens v eines Graphen

m Anzahl der Kanten, $m = |E|$, bzw. Anzahl der Knotenmenge eines vollst. bipart. Graphens

n Anzahl der Knoten, $n = |V|$

p Hilfswert bei kürzesten Wegen / Vorgänger

s Startknoten beim Kürzeste-Wege-Problem; Quelle eines Netzwerks

t Endknoten beim Kürzeste-Wege-Problem; Senke eines Netzwerks

u Index eines Knotens

v Index eines Knotens

w_e Gewicht einer Kante e

x (Entscheidungs-)variable

y Wert der Vergrößerung des Flusses im Algorithmus 5

z Gewicht eines Schnittes; Gewicht eines Matchings

A, B, C Mengen im Dijkstraalgorithmus

B Blüte eines Graphen

C Flusskosten

F Flussstärke eines Flusses

G Graph

K vollständiger Graph K_n oder vollständig bipartiter Graph $K_{n,m}$

L untere Schranke für die Distanz der Knoten u und v

M Matching

O Landau-Symbol

P Kanten eines Weges oder eines Kantenzugs

S Teilmenge der Knotenmenge bei der ungarischen Methode

T Teilmenge der Knotenmenge bei der ungarischen Methode

U (zu V alternative) Bezeichnung der Knotenmenge eines Graphen

V Knotenmenge eines Graphen

W Weg in einem Graphen

$\delta(v)$ (kleines Delta) Grad eines Knoten v

$\rho(u)$ (kleines Rho) Wurzel des Knoten u eines potentiell vergrößernden Weges bei Edmonds' Blütenalgorithmus

Δ (großes Delta) Wert der Veränderung der Markierung in der ungarischen Methode

$\sum$ (großes Sigma) Summenzeichen

$\mathbb{N}$ Menge der natürlichen Zahlen

$\mathbb{R}$ Menge der reellen Zahlen

$\vee$ logisches „oder"

$\emptyset$ leere Menge

$\cap$ Schnittmenge

$\cup$ Vereinigungsmenge

$\forall$ Allquantor (Sprich: „für alle")

∞ Unendlich

$\times$ kartesisches Produkt

Literaturverzeichnis

Ahuja, R. K., Magnanti, T. L., and Orlin, J. B. (1993). *Network flows: theory, algorithms, and applications*. Prentice-Hall.

Bast, H., Delling, D., Goldberg, A., Müller-Hannemann, M., Pajor, T., Sanders, P., Wagner, D., and Werneck, R. F. (2016). Route planning in transportation networks. In *Algorithm Engineering*, pages 19–80. Springer.

Bellman, R. (1958). On a routing problem. *Quarterly of Applied Mathematics*, 16(1):87–90.

Berge, C. (1957). Two theorems in graph theory. *Proceedings of the National Academy of Sciences of the United States of America*, 43(9):842–844.

Briskorn, D. (2023). *Operations Research: Eine (möglichst) natürlichsprachige und detaillierte Einführung in Modelle und Verfahren*. Springer-Verlag.

Diestel, R. (2017). *Graph Theory*. Springer-Verlag.

Dijkstra, E. W. et al. (1959). A note on two problems in connexion with graphs. *Numerische Mathematik*, 1(1):269–271.

Domschke, W., Drexl, A., Klein, R., and Scholl, A. (2015). *Einführung in Operations Research*. Springer-Verlag. 9. Auflage.

Edmonds, J. (1965a). Maximum matching and a polyhedron with 0, 1-vertices. *Journal of Research of the National Bureau of Standards B*, 69(125-130):55–56.

Edmonds, J. (1965b). Paths, trees, and flowers. *Canadian Journal of Mathematics*, 17:449–467.

Edmonds, J. and Johnson, E. L. (1973). Matching, euler tours and the chinese postman. *Mathematical Programming*, 5(1):88–124.

Edmonds, J. and Karp, R. M. (1972). Theoretical improvements in algorithmic efficiency for network flow problems. *Journal of the ACM (JACM)*, 19(2):248–264.

Floyd, R. W. (1962). Algorithm 97: shortest path. *Communications of the ACM*, 5(6):345.

Ford, L. R. and Fulkerson, D. R. (1956). Maximal flow through a network. *Canadian Journal of Mathematics*, 8:399–404.

Geisberger, R., Sanders, P., Schultes, D., and Vetter, C. (2012). Exact routing in large road networks using contraction hierarchies. *Transportation Science*, 46(3):388–404.

Goldberg, A. V. and Tarjan, R. E. (1988). A new approach to the maximum-flow problem. *Journal of the ACM (JACM)*, 35(4):921–940.

Goldberg, A. V. and Tarjan, R. E. (1989). Finding minimum-cost circulations by canceling negative cycles. *Journal of the ACM (JACM)*, 36(4):873–886.

Hart, P. E., Nilsson, N. J., and Raphael, B. (1968). A formal basis for the heuristic determination of minimum cost paths. *IEEE Transactions on Systems Science and Cybernetics*, 4(2):100–107.

Hierholzer, C. and Wiener, C. (1873). Über die Möglichkeit, einen Linienzug ohne Wiederholung und ohne Unterbrechung zu umfahren. *Mathematische Annalen*, 6(1):30–32.

Hopcroft, J. E. and Karp, R. M. (1973). An $n^{5/2}$ algorithm for maximum matchings in bipartite graphs. *SIAM Journal on Computing*, 2(4):225–231.

Jacobi, C. (1890). De investigando ordine systematis aequationum differentialum vulgarium cujuscunque, CGJ Jacobi's gesammelte Werke, fünfter Band, herausgegeben von K. Weierstrass.

Karzanov, A. V. (1973). An exact estimate of an algorithm for finding a maximum flow, applied to the problem "on representatives". *Problems in Cybernetics*, 5:66–70.

Klein, M. (1967). A primal method for minimal cost flows with applications to the assignment and transportation problems. *Management Science*, 14(3):205–220.

Kuhn, H. W. (1955). The hungarian method for the assignment problem. *Naval Research Logistics Quarterly*, 2(1-2):83–97.

Munkres, J. (1957). Algorithms for the assignment and transportation problems. *Journal of the Society for Industrial and Applied Mathematics*, 5(1):32–38.

Warshall, S. (1962). A theorem on boolean matrices. *Journal of the ACM (JACM)*, 9(1):11–12.